嘉语微言
陈嘉庚言论选

朱水涌 编

厦门大学出版社
国家一级出版社
全国百佳图书出版单位
XIAMEN UNIVERSITY PRESS

图书在版编目（CIP）数据

嘉语微言：陈嘉庚言论选 / 朱水涌编. -- 厦门：厦门大学出版社，2024.10. -- ISBN 978-7-5615-6035-8

Ⅰ.K827=7

中国国家版本馆 CIP 数据核字第 20241DT312 号

责任编辑　韩轲轲
美术编辑　李嘉彬
技术编辑　朱　楷

出版发行　厦门大学出版社
社　　址　厦门市软件园二期望海路 39 号
邮政编码　361008
总　　机　0592-2181111　0592-2181406（传真）
营销中心　0592-2184458　0592-2181365
网　　址　http：//www.xmupress.com
邮　　箱　xmup@xmupress.com
印　　刷　厦门集大印刷有限公司

开本　720 mm×1 000 mm　1/16
印张　12
插页　1
字数　125 千字
版次　2024 年 10 月第 1 版
印次　2024 年 10 月第 1 次印刷
定价　58.00 元

本书如有印装质量问题请直接寄承印厂调换

厦门大学出版社
微信二维码

厦门大学出版社
微博二维码

前　言
陈嘉庚的光辉历程及其精神的新时代价值

朱水涌

陈嘉庚(1874年10月21日—1961年8月12日)是中国近现代史上著名的爱国华侨领袖、实业家、教育家、社会活动家,他的一生跨越两个世纪四个大的时代,他的生命与中华民族伟大复兴的命运与抉择紧紧相连。1945年11月,毛泽东主席特送条幅,称他为"华侨旗帜,民族光辉",精确地概括了陈嘉庚的光辉历程;1990年3月,国际小行星中心与小行星命名委员会将第2963号小行星命名为"陈嘉庚星";21世纪以来,陈嘉庚被国家授予"100位为新中国成立作出突出贡献的英雄模范人物"称号,获颁"中国人民抗日战争胜利70周年"纪念章,赢得"最美奋斗者"荣誉。在人们的心中,陈嘉庚与嘉庚精神就是那苍穹中永远闪烁的星辰,激励着中华儿女在中华民族伟大复兴的道路上奋斗前行。作为一位令人高山仰止的历史人物,陈嘉庚的影响是世界性的。1993年4月,美国加州大学伯克利分校将一幢新建的教学科研大楼命名为"嘉庚楼"(Tan Kah Kee Hall),以此来纪念这位为人类的教育事业作出重要贡献的中国人。2019年,在新加坡开埠二百周年的纪念活动中,新加坡

发行了印有陈嘉庚形象的纪念币;陈嘉庚创办的南洋华侨中学附近的地铁站被命名为陈嘉庚站。新加坡的政府和人民,以这样的方式纪念一位在新加坡历史中作出杰出贡献的华侨领袖。

2014年10月,习近平总书记在给厦门市集美校友总会的回信中写道:"希望广大华侨华人弘扬'嘉庚精神',深怀爱国之情,坚守报国之志,同祖国人民一道不懈奋斗,共圆民族复兴之梦。"2021年4月,习近平总书记在祝贺厦门大学建校100周年的贺信中指出:"厦门大学是一所具有光荣传统的大学。100年来,学校秉持爱国华侨领袖陈嘉庚先生的立校志向,形成了'爱国、革命、自强、科学'的优良校风,打造了鲜明的办学特色,培养了大批优秀人才,为国家富强、人民幸福和中华文化海外传播作出了积极贡献。"

面对着这样一个伟大生命,我们不禁会问:一个从闽南小渔村普通家庭中走出来的人,为什么会成为中华民族20世纪风云际会中杰出的历史人物?为什么身处历史新纪元、经历着百年未有之大变局的人们,还如此地敬仰一位上世纪的华侨领袖,倡导弘扬他的精神?答案需要到陈嘉庚的生命历程中寻找。

呕心民族复兴　奋发立国强国

陈嘉庚在1919年筹备厦门大学时有这样一段演讲:"以四万万之民族,决无甘居人下之理。今日不达,尚有来日,及身不达,尚有子孙,如精卫之填海、愚公之移山,终有贯彻目的之一日。"①这一段铿锵有力、掷地有声的话语,是理解陈嘉庚光辉历程的核心与基础。四万万之民族不居人下,既是中华民族近一百多年来的梦想,也是陈嘉庚一生为之奋斗的个人梦想。个人梦想、家国情怀与民族复兴融为一体的爱国主义精神,是陈嘉庚精神世界的价值核心;呕心民族复兴,勇担立国强国使命,是陈嘉庚生命最闪亮的光辉。

陈嘉庚的生命跨越了晚清时期、北洋时期、抗日战争和解放战争时期、新中国建立与建设时期四个大的历史时代,这正是中华民族在内忧外患中觉醒、从欺辱中站立起来的历史岁月,是中华民族伟大复兴浪潮风起云涌的时代。习近平总书记在庆祝中国共产党成立100周年大会上的讲话中指出:"1840年鸦片战争以后,中国逐步成为半殖民地半封建社会,国家蒙辱、人民蒙难、文明蒙尘,中华民族遭受了前所未有的劫难。从那时起,实现中华民族伟大复兴,就成为中国人民和中华民族最伟大的梦想。"陈嘉庚是一位为"最伟大的梦想"而奋斗的典型人物,他以"希图报效"的赤子衷肠,"深怀爱国之情,坚守报国之志",为中华民族伟大复兴呕心沥血、倾其所有,为立国强国梦想殚精竭虑、奉献一切。

陈嘉庚出生于厦门的一个小渔村。厦门在历史上是郑氏集团(郑芝龙、郑成功父子)开拓出来的中国南方海洋势力的重

---

① 《陈嘉庚校董民国八年筹办本校演词摘要》,《厦大周刊·厦门大学十二周年纪念号》,1933年4月6日。

要领地。然而,1842年《南京条约》签订之后,厦门便成为被英国侵略者用坚船利炮打开的中国五个窗口之一。陈嘉庚出生那一年(1874年,清同治十三年),日本借琉球船民事件进行外交讹诈,逼迫清政府签订《中日北京专约》,赔白银50万两;陈嘉庚10岁时(1884年,清光绪十年),法国军队的战舰突袭福州马尾,晚清政府辛苦建设起来的福建水师被打得七零八落;陈嘉庚21岁时,甲午战争惨败,台湾被迫割给日本,而在故乡的鼓浪屿这一蕞尔小岛上,飘起的也是外国人的旗帜。外来列强的这一切侵略与掠夺,对于成长在民族英雄郑成功的军事与商贸故垒的陈嘉庚来说,无疑是心灵上的痛。后来,陈嘉庚特别在他的《南侨回忆录》中写下一份题为《百年来我国领土及主权之损失一览》的记录,这也是华夏儿女一份痛苦的历史记忆。

16岁那年,陈嘉庚离开饱受列强凌辱的故土,下南洋到新加坡,凭着自强不息、诚毅拼搏的精神与智慧,在异邦的土地上创立了中国人的工商王国。他因为"念此咱吾国未萌芽之工业""不得不身任难境"①,大胆勇敢地闯荡橡胶产业;他将橡胶制造业的创办,作为"一种理想之倡导",这个理想就是"可以为祖国未来工业之引导"②。这种发展祖国工业与个人商业理想的汇合,蕴含的是对祖国孱弱工业的焦虑与振兴中国工业的赤诚。

陈嘉庚呕心民族复兴、担当立国强国使命的突出表现,是

---

① 1922年12月7日致叶渊函。
② 陈嘉庚:《畏惧失败才是可耻》,《东方杂志》第31卷第7号,1934年4月。

他怀抱"教育为立国之本"的信念而又为此信念倾资兴学,他是中华民族伟大复兴道路上一面高高飘扬的"教育立国"旗帜。在那个积贫积弱、山河破碎的近代中国,拯救民族危亡、复兴中华民族的斗争与呼声此起彼伏,各种救亡图存、振兴民族的方案相继涌现。陈嘉庚则在比较了中国与欧美先进国家及邻国日本的教育情况后,发出文盲"占百分之九十余"的中国岂能不遭"天演淘汰"的追问,他说:"诚以救国之既乏术,亦只有兴学之一方,纵未能立见成效,然保我国粹,扬我精神,以我四万万民族,抑或有崇光之一日。"①1912年,因"慨国家之陵夷,悯故乡之哄斗"②,他在故乡创办乡立集美两等小学,由此开启在祖国倾资兴学的千秋大业。他先后在故乡创办了集美女子小学、集美中学与集美师范学校。1920年,为"开拓海洋,挽回海权","一洗久积之国耻",又创立集美水产航海学校,由此他在故乡逐渐创立起包括学前教育、中小学教育和专科职业教育的较为完备的现代教育体系。1919年,在改革新加坡华人的道南学堂和成立新加坡第一所华文中学南洋华侨中学后,他踏着五四爱国运动的浪潮,再度回到故乡筹备与创办厦门大学。他说,"鄙人久客南洋,志怀祖国,希图报效,已非一日",而今日之中国,"专制之积弊未除,共和之建设未备,国民之教育未遍,地方之实业未兴,此四者欲望其各臻完善,非有高等教育专门学识,不

---

① 《筹办南洋华侨中学演词》,《国民日报》1918年6月18日。
② 陈嘉庚:《集美小学记》,《初等教育界》第2卷第8期,1931年12月。

足以躐等而达"①,开宗明义亮出"民族复兴""教育立国"宗旨。他慷慨激昂地宣告:"彼野心家能剐我之肉,而不能伤我之生;能断我之臂,而不能得我之心。民心不死,国脉尚存,以四万万之民族,决无甘居人下之理。今日不达,尚有来日,及身不达,尚有子孙,如精卫之填海、愚公之移山,终有贯彻目的之一日。"②以教育坚守国脉,振奋民心,用精卫填海和愚公移山的精神践行复兴行动,这份华侨旗帜的爱国初心,足以在中华民族伟大复兴的史册上熠熠生辉。然而,建设集美学校和厦门大学的艰难困苦并非常人所能想象。1929年世界经济危机爆发后,陈嘉庚公司陷入资不抵债的困境。当银行与其他财团要以"放弃两校校费"作为条件为陈嘉庚公司挽救局面时,陈嘉庚斩钉截铁地回答:"企业可以收盘,学校决不能停办。"当陈嘉庚的资本实力丧失殆尽之时,他毅然卖掉为儿子购置的三栋别墅,做出了"变卖大厦,维持厦大"的惊世之举。

作为一位海外赤子,陈嘉庚在中华民族最危难的时刻,更表现出勇于担当使命的民族脊梁骨精神。山东惨案发生后,他立即组织成立新加坡山东筹赈会,痛斥日本"侵略我主权,残杀我同胞"的"险恶蛮横"③。"九一八"事变发生后,他即刻召开侨

---

① 蔡元培:《陈嘉庚毁家兴学记》,《东方杂志》第16卷第12号,1919年7月。

② 《陈嘉庚校董民国八年筹办本校演词摘要》,《厦大周刊·厦门大学十二周年纪念号》,1933年4月6日。

③ 《公理犹存,国耻定雪——在筹赈山东惨祸全侨大会上的演讲》,《南洋商报》1928年5月18日。

民大会声讨日本,通电日内瓦国际联盟及美国总统,激励侨民爱国。"七七"卢沟桥事变爆发后,他与李清泉、庄西言等侨领发起组织南洋华侨筹赈祖国难民总会(简称南侨总会),发出"国家之大患一日不能除,则国民之大责一日不能卸;前方之炮火一日不能止,则后方之刍粟一日不能停"的宣言,领导南洋八百万华侨"不当亡国奴","踊跃慷慨贡献于国家"。在抗战关键时刻,他动员3200名华侨机工回国,浴血奋战在滇缅公路,保住了中国抗战的运输生命线。据统计,从抗战全面爆发到太平洋战争发生,南侨总会四年中共募集抗日义捐5亿国币,认捐救国公债2.5亿国币,捐献飞机217架、坦克27辆、救护车1000多辆,由南洋流入中国的款额达50亿国币。陈嘉庚领导的南侨总会与南洋华侨,成为中国抗战最坚强的后援,华侨旗帜在民族独立解放的烽火中高高飘扬。

习近平总书记指出:"一百年前,中华民族呈现在世界面前的是一派衰败凋零的景象。今天,中华民族向世界展现的是一派欣欣向荣的气象,正以不可阻挡的步伐迈向伟大复兴。"①经历了艰难困苦岁月的洗礼,中华民族走上实现伟大复兴的道路,以中国式现代化全面推进中华民族伟大复兴,以"不可阻挡的步伐"跨过一些国家要用几百年时间才能走完的历史进程,建设富强民主文明和谐美丽的社会主义现代化强国。曙光已在前头,但道路是曲折的,一百多年来无数仁人志士为之前仆

---

① 习近平:《在庆祝中国共产党成立100周年大会上的讲话》。

后继的伟大复兴事业,恰恰遭遇上百年未有之大变局的加速演进,碰上了变幻不定、错综复杂的国际环境,需要我们进行"具有许多新的历史特点的伟大斗争"。伟大的斗争需要有伟大的情怀,陈嘉庚的"四万万民族不居人下"的浩然之气,胸怀祖国、希图报效的爱国精神,正是行进在全面推进中华民族伟大复兴征程中的中华儿女所必须学习、继承和发扬光大的。正如习近平总书记在给厦门市集美校友总会的回信中所说:"实现中华民族伟大复兴,是海内外中华儿女的共同心愿,也是陈嘉庚先生等前辈先人的毕生追求。希望广大华侨华人弘扬'嘉庚精神',深怀爱国之情,坚守报国之志,同祖国人民一道不懈奋斗,共圆民族复兴之梦。"

把握历史方向　心怀"国之大者"

准确地把握历史发展的方向,心怀"国之大者"的情怀,追求民族伟大复兴和人民幸福,这是陈嘉庚生命历程的光辉体现,是陈嘉庚精神世界的重要特征。

陈嘉庚一生所追求、所践行的事业总是与民族、与国家"实有至大关系",正如他所说,"复兴中华民族,创造世界和平及人类幸福,皆当于此义求之"①。从大义大道出发,他因为看到"二

---

① 《中华民族强盛,世界才有真正和平》,《南洋商报》1939年1月26日。

十世纪为胶皮之时代","尤可以为祖国未来之引导"①,而在东南亚造就了一个橡胶王国。他因为认识到"今天之世界,乃科学强盛之世界",科学之强盛"有赖专门之大学"②,便创办厦门大学。而且,在只有98名学生、20名教职员工的情况下,要下了能容纳"万额生众"的数千亩的办学空间,立下了创办"世界之大学"、"欲与世界各大学相颉颃"和"为吾国前途放一异彩"的宏愿。凡此种种,陈嘉庚从创办工商企业到创办学校,从支援祖国抗战到回国与中国共产党共商国是,其精神世界的一个显著特征,是把握历史发展方向,心怀"国之大者",担当百年巨匠之大业。

对于陈嘉庚,人们往往会有一个追问:他出生于闽南小渔村的普通家庭,他的思想、人生未曾受过什么大人物的特殊引导,但这位被人称为"中外在野一人"者,为什么在每一个历史关键节点都能以过人的胆识与眼光作出正确的历史抉择,把握历史的正确方向?这样的追问立即让人想到陈嘉庚在民族危难中说出的那句话:"中国的希望在延安。"

说这句话的时候,陈嘉庚已经67岁了,这是他在民族复兴道路上苦苦追求与探索了大半生后作出的政治判断与历史抉择,它意味着陈嘉庚找到了能够带领中国人民实现中华民族伟大复兴的政治力量。从寄望于当时执政的南京政府,到相信红

---

① 陈嘉庚:《畏惧失败才是可耻》,《东方杂志》第31卷第7号,1934年4月。
② 《本报开幕之宣言》,《南洋商报》1923年9月6日。

色的陕甘宁边区,从拥戴蒋介石到支持毛泽东,陈嘉庚经历过一个艰辛漫长的寻找与抉择历程。

在带领南洋华侨慰劳团回国访问前,陈嘉庚拥护执政的南京政府与蒋介石。他把"拥护南京政府"确定为《南洋商报》的办报宗旨;他曾经亲自担任"马来亚华侨购机寿蒋会"主席;1936年,陈济棠、李宗仁和白崇禧发动两广事变,挥师北上反蒋,陈嘉庚在南洋发动"拥护中央政府"的行动;同年12月12日,西安事变发生,他以福建会馆主席的身份劝说张学良释放蒋介石,召开会议讨论解救"委员长被禁"和"祖国安危"问题,让怡和轩向新加坡各团体发函谴责"张学良竟以称兵叛变",召开侨民大会形成"拥护中央政府,反对任何异动野心"等五点决案,并致电各省当局"救国援蒋"。① 当然,陈嘉庚的以上行动主要是出自国难日深,不能"再酿分裂"的焦虑,但也体现出当时陈嘉庚的政治态度与倾向。

然而,这个政治意志,却在他1940年的回国慰劳考察中轰然崩塌了。1940年4月到7月,陈嘉庚率领南洋华侨慰劳团回国慰劳抗战将士,考察重庆、四川、山西、云南等地,也冲破重重阻力,在红星高照的延安走访前后9天时间。正是这次亲至重庆与延安,让陈嘉庚发现他一度仰慕与不遗余力支持的蒋介石及国民党政府,已经难以担当起拯救国难、振兴民族的重任,而在延安正在生长着一个新的世界、一种新的精神,站立着一位

---

① 《星洲一百零三团体为西安事变召开侨民大会宣言》,《南洋商报》1936年12月23日。

处处为民族、为民众考虑的具备宏才大略的人物。陈嘉庚意识到他找到了自己一直以来苦苦寻找的中国希望。

为什么长期秉持的政治理念在重庆与延安之行中瞬间崩塌？为什么延安能让这位经历过诸多国内外政治风云的华侨领袖看到新的希望？因为陈嘉庚心系"国之大者"，他的一切选择和一切政治判断，考虑的是民族复兴这个最高利益与人民幸福这个根本利益。他是实业家，注重实际，实事求是，他相信耳闻目睹的事实。在重庆期间，他看到的是陪都重庆与浴血抗战的前方相背离的"前方吃紧，后方紧吃"景象。他下榻的嘉陵招待所附近，国民党海外部部长吴铁城和组织部部长朱家骅正在大兴土木，建造官邸；富丽堂皇的嘉陵宾馆，作为国民政府消费宴请的场所，其主人与经营者竟然是国民政府行政院院长孔祥熙。战火硝烟的年代，陪都存在种种舞弊现象，行政长官"私设营业"，政府各办事机关冗杂，"月费各以万计"，却不知干了何事；酒楼菜馆林立，交际应酬征逐，烽火中夜夜笙歌、觥筹交错。① 延安却是另一番景象。从5月31日抵达宝塔山下，到6月8日离开延安，陈嘉庚与毛泽东进行了几次会面。毛泽东留给陈嘉庚的印象是平易近人，从容不迫，充满智慧和雄才大略，毛泽东对抗战形势的精辟分析、对战争问题的透彻论述、对中国未来的构想与期待，都让陈嘉庚倍感钦佩，陈嘉庚庆幸中华民族出现了一位能够带领民众实现民族复兴的领袖。在与朱

---

① 陈嘉庚：《南侨回忆录》，厦门大学出版社，2022年，第233页。

德总司令及八路军官兵的接触中,他看到了共产党跟等级森严的国民党有着天壤之别。他考察延安街道、市场,延安女子大学,延安第四军校,访问了陕甘宁边区的财政部部长、公安局局长和最高法院院长,与在延安的南洋侨生及厦门大学、集美学校校友深夜交流,由此他看到延安"人民自己营业,政府无干涉"的商贸自由、市场繁荣,了解到县长由公众公举,官吏贪污50元革职、500元枪毙的政治昌明,知道了延安公务员每天工作7小时、学习2小时,薪金每月5元的艰苦奋斗,对于毛泽东主席与朱德总司令的每月津贴也是5元的待遇大为感慨。他后来在《南侨回忆录》中这样写道:"……并至延安视察经过,耳闻目睹各事实,见其勤劳诚朴,忠勇奉公,务以利民福国为前提,并实行民主化,在收复区诸乡村,推广实施,与民众辛苦协作,同仇敌忾,奠胜利维新之基础。余观感之余,衷心无限兴奋,梦寐神驰,为我大中华民族庆祝也。"①在延安,陈嘉庚看到了民族危难中真正的"英勇奉献"者,找到了实现中华民族伟大复兴的真正力量,这是陈嘉庚生命中的一次重大抉择,是陈嘉庚与蒋介石及国民党政府决裂而转向与中国共产党肝胆相照的政治蜕变。

所以,当蒋介石撕毁"双十协定"、发动内战时,他义无反顾地举起正义之旗,擂响光明之鼓,发表《独裁政治没有出路,民主运动前途光明》《独裁政府必定倒台》《论天道运行》等正义文

---

① 陈嘉庚:《南侨回忆录》,厦门大学出版社,2022年,第4~5页。

章,致电美国总统杜鲁门、美国参议参众两院、南京马歇尔特使、司徒雷登大使,谴责美国"助长中国分裂",发动声势浩大的集会声援国内"反独裁、争民主"的学生运动,创刊《南侨日报》,宣告"中华民族大革命胜利"之年已经到来。1949年6月,他接受了毛泽东主席的邀请,从新加坡回到祖国,与中国共产党领导人共商国是,他称人民政协筹备会议的召开"是我们世代子孙幸福的一件大事",他说新中国的成立让海外华侨"有了一个伟大的慈母,这就是伟大的中华人民共和国"。新中国成立后,他毫不犹豫选择回归祖国,将生命最后的岁月奉献给新中国的伟大建设。

陈嘉庚的选择,是他对历史方向的正确把握,也是他心怀"国之大者"、仰望星空的结果。陈嘉庚如果没有心系民族复兴、人民幸福、人类前途这样的大情怀,就不会有在各个历史关键节点上的正确把握。同样,陈嘉庚如果没有对历史前进方向的正确把握,也就无法成就其心怀"国之大者"的大业。正是从心怀"国之大者"的情怀出发,寻找民族复兴的正确航向与"利民福国"的真正领导力量,才使陈嘉庚义无反顾地选择与中国共产党肝胆相照,同向同行。今天,陈嘉庚一生追求的"中华崇光之日"已经来到,全面推进中华民族伟大复兴进入关键时期,中国"日益走近世界舞台的中央"。但伟大时代却遭遇上愈发剧烈的世界之变、时代之变、历史之变。在如此伟大复杂的新时代,我们特别需要弘扬嘉庚精神,怀揣民族复兴的最高利益和为民谋福的根本利益,坚定立场,举旗定向,准确认知和把握历史发展的大局、大势和大事,以心怀"国之大者"的大情怀、大格局,凭借中国式现代化的时代主旋律,回应世界之变、时代之变、历史之变。

坚持自强不息精神　　彰显诚毅顽强品格

陈嘉庚的人生之所以让人高山仰止,今天的人们之所以如此缅怀一个不朽的生命、如此赓续弘扬嘉庚精神,还在于陈嘉庚性格的文化魅力,在于嘉庚先生身上彰显的千年传统文化与近代中国人自强不息的品格。

五千年来,中国源远流长的传统文化在人的价值与人格塑造上,培育出东方世界的独特形象,在人类文明的发展中显示出屹立于世界民族之林的文化魅力。一百多年来,在中华民族伟大复兴的历史道路上,许许多多仁人志士历尽千难万险、前仆后继,在血与火的考验中,弘扬和发展了中华民族的优秀品格,淬炼出彪炳千秋的不朽精神。陈嘉庚作为中华民族伟大复兴的一面华侨旗帜,在这条道路上所表现出的品格,融合了中原文化与海洋精神、古代传统与近代文明的许多特点。作为中原文化南移族群的闽南人,陈嘉庚有着仁、义、礼、智、信等儒家本源性的价值伦理与慷慨气质,表现出大义奉公、忠勇笃信、勤劳俭朴等优良品质;而作为成长于波涛汹涌的滨海环境中的闽南人,他又自然养成了敢于冒险与锐意进取的品格,有着海纳百川的宽阔胸怀。而这一切,从他那将个人梦想、家国情怀与民族复兴融为一体的精神核心来看,又突出体现在他的自强不息、敢于斗争、诚毅顽强、坚韧拼搏的精神品格上。

"自强不息"是陈嘉庚在举行厦门大学开学式那一天提出来的,它后来成为厦门大学校训。厦大成立那天,唱响在开校仪式上的《厦门大学校歌》也以"自强"作为整首歌曲的号角。这句出自《易经·乾卦》的成语,实际上是中国人近代觉醒后的时代话语,它以"天行健"般的雄健豪迈表达了中华民族发出复兴呐喊时的浩然之气,成为引领一个时代主潮的精神话语。陈嘉庚更将"自强不息"化为一种复兴强国的力量。无论是创业时的奋斗,还是倾资兴学的创举,或者是在民族危难之时,以"借自力之更生,谋自强之不息",结合闽南人打拼精神去打破前进中的困局,创造事业与人生的奇迹,他始终认为"我不自强之不息"而希望"人助之不懈",等于"求龟生毛、求兔生角";他说:"自力更生,自强不息,则最后胜利之日,即民族复兴之时矣。"①厦大筹办时,教育界一言九鼎的蔡元培不同意成立厦大,劝告陈嘉庚厦大"不宜速办",陈嘉庚则以"国势岌岌可危之际",厦门大学"岂能久待"予以回驳,执意将厦门大学创立起来;厦大创办时,陈嘉庚原本关于华侨富商会紧随他捐资兴学的预想破灭后,大失所望的陈嘉庚并不气馁,他改倡办为创办,奋发倾资撑起了厦门大学,并且向世人宣告:"愿为厦大奋斗到

---

① 《南侨总会陈主席通告侨胞,谓所谓和平计划为敌逃生计划》,《南洋商报》1938年10月25日。

死！"①如此的自强不息，如此的看准一个可以不再让"四万万之民族居人下"的事业便不计任何得失、不懈奋斗拼搏的精神，实际上体现了陈嘉庚敢于克服一切困难的敢于斗争、敢于胜利的民族气概。

"诚毅"是陈嘉庚为集美学校确立的校训。"诚"者，天之道也，至诚如神，是中国人做人的准则；"毅"者，坚忍不拔也，志决而不可夺者谓之毅。诚毅是勤劳勇敢的中国人忠诚诚信、坚韧顽强品格的写照。陈嘉庚以此为集美学校校训，号召全体师生发扬中华民族的优秀美德与品格，以诚立身，以毅处事，诚信刚毅，为"上足以谋国家之福利，下足以造桑梓之庥祯"而百折不挠、奋斗不止。这一校训精神是陈嘉庚一生坚持的精神品性，也是陈嘉庚创业取得成功的精神支撑。陈嘉庚30岁那年（1904年），他父亲一生打下的商业江山因经营不善一败涂地，新加坡顺安米店关门，债台高筑。按照英帝国的法律，作为儿子的陈嘉庚无须偿还父亲欠下的债务，他可以另起炉灶。但陷入困境的陈嘉庚却坚持中国人的讲诚信、重然诺，"立志不计久暂，力能做到者，绝代还清以免遗憾也"②，他不走法定的"无须偿还"之路，而决意在父亲倒下的地方重新站立起来。这个举动令新加坡社会感到震惊。正是这个体现出诚信坚韧的举动，让陈嘉庚开始在华人社会中树立起威望，也带来了陈嘉庚创业

---

① 《陈嘉庚先生在吾庐演说，两贤互励"愿为厦大奋斗到死！"》，《南洋商报》1935年1月9日。
② 陈嘉庚：《南侨回忆录》，厦门大学出版社，2022年，第566页。

起步的成功。

从在困境中重开顺安米店、因陋就简地建起黄梨厂,到抢占先机创建南洋橡胶王国、创造中国人的海外工商传奇,一直到公司收盘后义无反顾地践行教育立国信念,于民族危难中"黄魂洒热血"地支援祖国抗战,陈嘉庚一直坚持着自强不息的奋斗,坚守着诚毅进取的人格。如果说自强不息更多地联系着自强自立、敢于斗争的精神指向,那么诚毅则更多地联系着忠诚信达、坚韧顽强的精神品格,前者体现的是陈嘉庚精卫填海般的执着勇敢,后者体现的是陈嘉庚愚公移山般的坚韧顽强,两者都是中华儿女必须发扬光大的精神力量。

今天的中国,不再是陈嘉庚所生活的那个内忧外患的中国,从站起来、富起来到强起来,中国已经成为世界舞台运转的主要引擎,"我们比历史上任何时期都更接近、更有信心和能力实现中华民族伟大复兴的目标"。然而,正如习近平总书记指出的,"中华民族伟大复兴,绝不是轻轻松松、敲锣打鼓就能实现的","在前进道路上我们面临的风险考验只会越来越复杂,甚至会遇到难以想象的惊涛骇浪"。全面建成社会主义现代化强国,走完一些国家要用几百年时间才走完的历史进程,目标极为远大,任务极为繁重,面临的风险与挑战也极为错综复杂,中国不仅要直面许多新的考验,也要努力为世界发展提供新的机遇,作出新的贡献。一些领域内的"卡脖子"问题必须解决,从追赶潮流到引领潮流的科技创新还须有所突破,推进新质生产力发展、构建国家竞争新优势,需要更宏大、更具活力的创新

创造力。知重负重，任重而道远，在中国式现代化的高质量发展新征程上，我们要从陈嘉庚等民族复兴前辈的奋斗历程和优良传统中汲取精神力量，弘扬自强不息、敢于斗争、诚毅顽强、坚忍不拔的精神，以拼搏去攻坚，以奋斗谋发展，以大智慧、大担当去应对重大挑战，抵御重大风险，克服重大阻力，解决重大矛盾，让中国式现代化航船驶向中华民族伟大复兴的光辉彼岸。

陈嘉庚是中华民族伟大复兴历程上的一面华侨旗帜，他的民族光辉永远闪烁在万里星空，永不熄灭。在伟大的新时代，我们更要学习与弘扬嘉庚精神，形成民族复兴的磅礴伟力，共圆海内外中华儿女的中国梦。

2024 年 9 月

目录

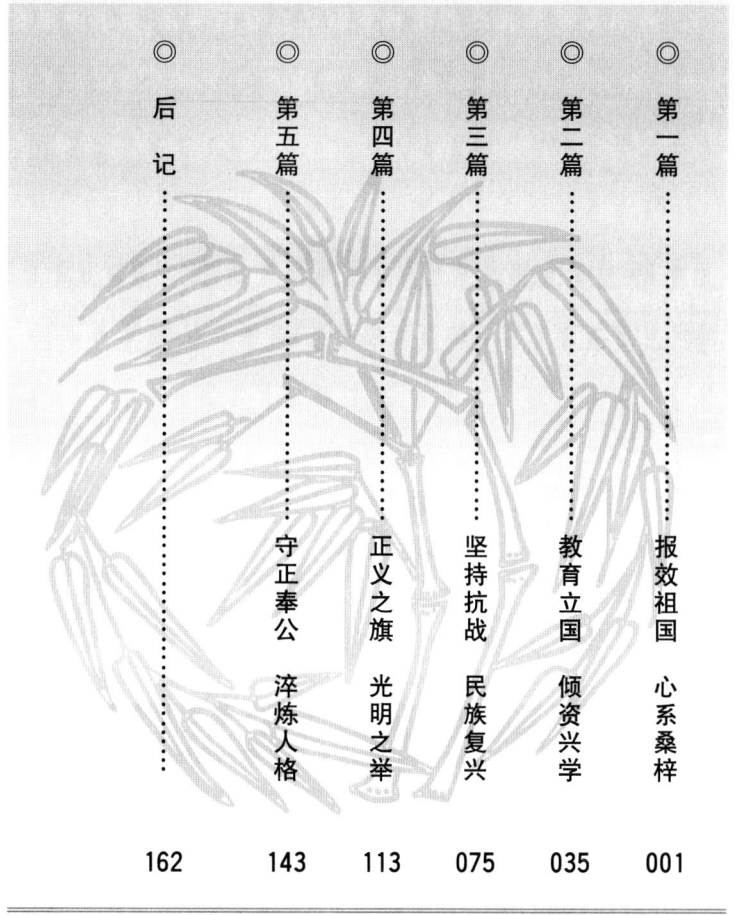

◎ 第一篇　报效祖国　心系桑梓 ……… 001

◎ 第二篇　教育立国　倾资兴学 ……… 035

◎ 第三篇　坚持抗战　民族复兴 ……… 075

◎ 第四篇　正义之旗　光明之举 ……… 113

◎ 第五篇　守正奉公　淬炼人格 ……… 143

◎ 后记 …………………………………… 162

第一篇

报效祖国　心系桑梓

久客异域，归志未达，思乡萦怀，无时或已。

久客南洋，心怀祖国，希图报效，已非一日。

上足以谋国家之福利,下足以造桑梓之麻祯。

《筹办南洋华侨中学演词》,
《国民日报》1918年6月18日

世界各国之国旗必有取义,如英系三岛合国,故用三色,美为联邦合国,故用若干星点。我国光复后孙总理在南京就职,公决用五色为国旗,系汉满蒙回藏五族,共和立国之义,何等正大光明,宏伟美观。后来袁世凯野心称帝另有一样旗式,与五色旗无关。至军阀割据地方,仍用五色国旗,亦莫非遵守国徽,其胜败与国旗完全无关,此理至明,无须多赘。乃自孙总理弃世后,国民党北伐胜利,南京政府成立,便即野心变更国旗,以为中华民国是国民党造成,应将青天白日党旗为国旗,俾国民党功勋永存,政权亦可永操。余深知青天白日党旗,系光复前孙总理在新加坡"晚晴园"议定,此系一部分人党徽,与国际无何关系。若国旗则代表全国国徽,对外对内关系至大,不但要取义适当,尚须参以美观及气概宏伟,三者缺一不可。试看该青天白日旗,无一可取,言主义则泛而无据,言美观则非日非星,至若宏伟则炎光不展,气象缩短。自光复后,余对政府最不满者,首两件事,一为长马褂仍旧保存,一为青天白日旗换作国旗。

《南侨回忆录·国旗之意义》

厦门为通商巨埠,百业光昌,五方类聚,有大学特设之医院学校,以教人之治病,不可无大众专设之公医院,以治众人之病,心有所同,口无或异也。然欲专设医院,而无医校以开其先,则责专而费倍,需资当在百万,其事或恐为难。既有医校,

而无医院以继其后，则费半而功全。若得三五十万，便可举办，其事似不甚难矣。盖大学之医校，取材宏博，设备周全，有仪器图书，可以参用，有各种教职，可以兼充，有练习学生，可以佐理。校与院，相离而不相远，院与校，相成而不相悖，费可节省者在此，事不难为者亦在此。救四处之病民，为万家之生佛，医药毕备，校院齐名，如日月之交辉，与河山而并寿，故不曰厦门公医院，而曰厦门大学公医院，名符其实，志不忘也。

《厦门大学公医院捐启》，
《南洋商报》1926年2月10日

余二十余岁时，在新加坡见友人珍藏一本药书，名曰《验方新编》，云某友赠送，无处可买。其时上海书局尚未印售。书内注云，版存日本横滨中华会馆，任人印送。据友人所言及余自己经验，其方颇为应效，故余甚为注意。窃念吾闽乡常乏医生，若每村有此书一本，裨益不少。乃备款托香港友人汇往日本定印，每本三角，前后数次，共印六七千本。书面标明"同安集美陈家奉送"。

《南侨回忆录·印赠〈验方新编〉》

弟念此咱吾国未萌芽之工业[1]，为挽回利权计，首事不得不身任难境，故凡诸靠得住之方，每急于用心者是也。

1922年12月7日致叶渊[2]函

---

[1] 指橡胶制品业。
[2] 叶渊(1889—1952)，又名叶采真，福建安溪人，1917年毕业于国立北京大学经济系，1920—1934年受聘任集美学校校长、董事长等职。

际此乱世之吾民,社会腐败,道德丧没,强邻环伺,虽未能吞我疆土,然莫不吸食骨血之野性。以此而言,稍有诚意爱乡爱国者,自当卧薪尝胆之不暇,而何事自居生日,招人制造虚伪无实之空荣。

1924年1月25日致陈延庭①函

希望发展我祖国,亦不外实业、教育以尽天职。经营地方之利,乃还地方之益。一息尚存,此志不灭。

1926年8月18日致叶渊函

窃吾人生此乱世,既遭列强之压迫,复适国体之改革,道德之堕落,鼎沸过度,忧亡危险,匹夫之责。霍去病尚不为家,况吾侪安居乐业,尤必根本计划,庶乎不至朝秦暮楚。若不先事决心,地狱是入,则当移生于太平时世,吹歌鼓腹,抑作世界逸民,不知治乱。否则,而欲以仁义道德期之乱世,堕落之青年一蹴而达,岂不谬哉!故古人有老当益壮,穷且益坚,千辛万苦,矢诚忍耐,至达目的而后已。其所期之事业,有数十年者,有终身者,有身后者。大器晚成,欲速不达,理势使然,绝无疑义也。

1928年6月28日致叶渊函

---

① 陈延庭(1888—1983),福建同安人,1910年毕业于福建高等师范学堂,后任集美学校科学馆主任、教师,1922—1924年任厦门大学建筑部主任。

在集既设有码头,而厦亦当创设码头。不但为客省费,且诸多便利。至在厦之码头应设于提督打铁路头——厦大新置之地。

1928年9月8日致叶渊函

鄙人尚有不能已于言者,则全侨之团结,关于爱国心理之演进者甚大。溯在民国未成立之先,吾华族受满清专制之桎梏,爱国观念,甚为薄弱。自光复以来,国内外同胞,爱国程度,进步极速。据弟鄙见,爱国与人民团结,实有至大关系。要爱国必须团结,既团结尤要爱国。何以言之?爱国而无团结,则如一盘散沙,力量奚以集中?既团结而不爱国,则团结亦属空泛。国内外之团体,到处皆有矣。然而能集中力量以赴爱国事业者,恐不能到处而皆有也。此何以故?盖凡有团体未必悉以爱国心为基础耳。吾人诚能从兹努力,则爱国心理之普遍养成,以及爱国力量之总集合,虽或不能及今而见其效,然二十年以后,其庶几乎?其次,人民爱国心理,每亦有随政治局势而转移者。近日国内政界消息,颇觉险恶,必难免因而大抱悲观者。然吾人须知凡一国家之建设,本非可一蹴而就,此项困难诚为必经之阶级。如法美之革命,曾经长期间之痛苦。德废专制,亦经一度欧洲大战而始成,其痛苦犹今未泯。况以中国之大,较法美德等十有八倍,历十余年之痛苦未可谓久。

《在新加坡全侨大会讨论创办中华会馆之演讲词》,
《南洋商报》1929年3月14日

橡皮熟品制造厂之创办，我亦为一种理想之提倡。二十世纪称为橡皮之时代。欧美之盛，固不待言，岛国日本亦已设厂至数百家，独我国则尚未萌芽。新加坡为橡皮出产地，且距离我国不远，男女侨胞数十万人，若能设备大规模制造厂，不特可以利益侨众，尤可以为祖国未来工业之引导。如化学、工程、技术、机师人才等等，须经长时期之训练，如教育之造就师范生，应有发展林立之可能，故锐意进行。当时聘到东西洋技师多人，教练工作，凡各种车胎、靴鞋、雨衣及其他用品，无不研究制造，前后垫去资本银八百万元，雇用男女工人六千名，分设发售处八十所，乃遭不景气之损失及日货贱价倾销之竞争，致一切皆遭打击，陷入困难之境地。

……自古英雄豪杰，何尝不遭艰危落拓，况我乃一庸愚侨商，安敢妄事怨咎，美国汽车大王有言曰："正当之失败，无可耻辱，畏惧失败，才是耻辱。"其言足资警惕。

《畏惧失败才是可耻》，
《东方杂志》第 31 卷第 7 号，1934 年 4 月

闽南华侨不下数百万人，不亚其他繁盛区域，何以闽南社会仍属衰落，民生仍属艰难，乡邦事业，实际似无裨补，推究其实，殆有三种原因。一则此间乐不思蜀，绝无祖国观念，及身如是，后辈可知。一则入只供出，或所入有限，无资可以寄归。一则固富有资财，不忘乡梓，虽挟资回里，不过建华屋，蓄婢仆，锦衣玉食，交结权贵，阔费大豪侈，导变风俗，或则放钱债，高利息，购良田，独善其身，无民生之观念，无社会之利益。且田地

有限,原为农村生命线,一归大地主,则农民不能自存,至贫民借债入手,多作不正当之开销。结果财产俱亡,其流弊酷烈,转出富侨之所赐也。

《畏惧失败才是可耻》,
《东方杂志》第 31 卷第 7 号,1934 年 4 月

我久客南洋,对于侨情颇知底蕴,既不欲祖国空费无益之期望,亦不愿侨众辜负国人之推崇。故凭我良心上坦白无隐,据实倾诉,功罪均不之计。虽然,华侨之于祖国,亦非绝无乐观之可能,以我鄙见,约有三事,若能达到,则华侨决不负国人之希冀!

(一)政治纳入正轨,地方秩序良好,无军阀劣绅土豪之欺凌。

(二)交通略已发展,利便新事业之建设。

(三)独资创办或组织股份公司,成绩稳健,利益优厚,则利之所在,人必争趋,而华侨之投巨资归祖国,势如水之就下,即平昔乐不思蜀之流,亦必倾资而乐于归化也。

《畏惧失败才是可耻》,
《东方杂志》第 31 卷第 7 号,1934 年 4 月

际兹国家危急存亡之秋,徒抱悲观,亦属无济于事。窃信日本决不能吞亡我国,以遂其独帝亚洲之野心。人人有此共信,而发为力量,国何由亡?

《对厦大提出断语》,
《南洋商报》1935 年 1 月 5 日

近者闻染鸦片之人多至三四百,而赌博则日以为常。此种伤风败俗害人害己,其惨祸之烈,误人之甚,至堪痛恨。余虽远居南洋,未尝不痛心,桑梓之祸害,而思有以消灭解除之。

《陈嘉庚布告》,

《集美周刊》第 17 卷第 1 期,1935 年 3 月 4 日

我国有史至今,四千余年,自来就极懦弱。唐、元二代虽说强盛,打到欧洲,打到俄罗斯,可是,当时只有几个人从中指挥。唐,唐太宗,元,忽必烈,除这几个人比较清醒外,百姓依然懵懂,不识不知。近百年来,外国发奋图强,他们百姓,从小教起,和我国从前完全不同。他们设立各种机关、各种学校,训练百姓,这种组织,我国自古未有。我国自古教民,只教"忠孝"二事,并未教他如何爱国,如何组织。我们这样的国家,如何可以与人比较?我们希望国强,应当栽培国民,兴办教育。

说到教育,有个粗鲁譬喻,就是说人和兽一样,应该经过一番训练,方可任意指挥。外国的马戏——兽戏,野兽都教得事事听从人意。野兽听从人意,得之于教。今外国百姓好比经过训练的兽类,可以出来搬戏①。我们中国的百姓却似未经训练的野兽,不只出来不能搬戏,甚且还会咬死人。

还有我国交通不便,虽有四万万人,终无四万万人力量。东边有事,西边救应不到,西边有事,东边救应也不到,你想如何抵抗外侮?

《建设新中国应具新思想》,

《南洋商报》1935 年 4 月 28 日

---

① 搬戏:闽南话,即演戏。

民国四年天津水灾，新加坡华侨筹款救济，开游艺会及募捐，举余为主席，计募二十余万元。此为华侨开始不分南北畛域及对祖国义赈破天荒之成绩，乃光复后民气进步之效果。

《南侨回忆录·筹赈天津水灾》

闽南此次大水，灾情至为惨重。我人因此进行筹赈，筹赈之法，率有三途：一为自由捐题，二为出发劝募捐，三为举行游艺会。……

此次闽南，被难者十万人，屋宅夷为平地者千家，流离失所者六七千人，死亡实数，犹不可知。我人试思，大水之后，灾区难民，生活无着，设不加以救济，弱者当成饿殍，强者必为盗贼。大凡救灾，一推政府，二为富庶之区，今闽南则多一华侨。

《在新加坡福建会馆筹赈闽南水灾游艺会开幕式上的致词》，《南洋商报》1935年9月9日

对于爱国，弟窃有言，二十年之前，华侨尚不知国之当爱，十余年来，乃有知爱国者，足见华侨之有进步。然与人较，相差尚远。人之爱国，占大多数，我则仅一小部分。然既有人知国之当爱，其中必有基础在也，此本人之所以谓足乐观。盖有基础，则十年廿年之后，必可跻于强国之列，此为必然之事，亦我人之愿也。

《畅谈中国目前大足乐观之点——在新加坡怡和轩俱乐部饯别张馆长暨国术南游团的讲话》，《南洋商报》1936年3月5日

谚曰:"多难兴邦。"多难之所以能兴邦,盖因人际多难之秋,中存戒惧,从而发奋图强,埋头苦干,故多难可以兴邦。若多难而无所戒惧,不知发奋图强,欲邦之兴,不可得矣。

《在新加坡救国援蒋侨民大会上的演说词》,

《南洋商报》1936年12月27日

我性迟钝又失学,民国未光复之前,尚不明爱国真理。迨光复后,猛省勃发,刻刻不去于怀。窃念分子天职,欲实行报效工作,尤以乡梓需要为急务,故不计成败,痛下决心,实事求是,以文化为基础,热诚勇往,有进尺无退寸,抱定破釜沉舟之志也。盖深信国体改革,纷乱政争,乃必经之程序,至多二三十年,自有光明安泰之来临。若不乘时即下种子,以备十多年后之收获,未免临渴掘井。近者全国统一,政治已就轨道,前途乐观,为世界所公认,国家兴隆计日可待。现我闽中人才文化,服务各界,多有厦、集二校出身者,其他影响可以免论。由此而言,是我之目的已达,所有个人牺牲与失败,或亦气势之使然。古语云:"善作者不能善成,善始者不能善终。"明乎此,安有丝毫悔念耶?惟当时有议我者,非笑我孟浪,则讥我轻财,然而燕雀安知鸿鹄之志哉?

《倡建闽南十年计划》,

《南洋商报》1936年12月27日

总言之,身由梓里而来,一生千辛万苦,手中得来金钱,不能分一部分以救家乡困穷族类,留作子孙乡梓之纪念,而必多

多益善,稽交后嗣,我敢武断也,已与祖宗脱离关系矣。

《倡建闽南十年计划》,

《南洋商报》1936年12月27日

盖夫此次中日战争,为我民族数千年来最严重之关头,开战不过半年,前敌作战将士,达百余万人,牺牲者数十万人。未闻我闽省一兵一卒,效命疆场,甚至弹丸海岛之厦门,尚赖外省健儿保卫,言之未免愧歉无地也。南洋华侨,闽者居多,财高亦伙,枪炮不闻,安居乐业,若对身外金钱,犹爱惜如命,尚未能尽量捐输,以冀少补本省之缺点,凡稍有民族良心者,试问其能自安乎?他日胜利论功,历史留污,将置我闽人于何地耶?甚望在座诸君,互相惕励,输力输财幸甚。

《在福建会馆劝募公债结束会议上的演讲》,

《南洋商报》1938年3月11日

我侨胞居国外,爱护祖国,不甘国家、乡里、宗族、亲戚被日本盗戮、奸淫、奴役,当急起负后方国民应尽的责任。责任为何?不出三项事:第一项尽力出钱,第二项出力,第三项不买仇货。此三项之中,均为我侨胞人人所能做到事也。

《抗战必胜,望侨胞出钱、出力、抵制日货》,

《南洋商报》1938年9月7日

民国廿八年九月三日,英德宣战,余恐英政府限制金融汇出,马来亚华侨对祖国汇寄家用及筹赈募款难免发生影响。在抗战期间,我国需财政较他时远为殷切,应预为设想,冀可补救多少,此非同无病呻吟及好事谄媚者比也。故于战后在坡即开筹赈委员会,通过拥护英国对德宣战,并用南侨总会主席名义发出通告,劝告全马及他处英属华侨,对英与德宣战,应拥护英国政府,共表同情,对德国当同仇敌忾云云。

《南侨回忆录·同情英对德宣战》

华侨虽富有金钱,际此国家危急之秋,所输无多,实深抱歉。至余捐资办学,力小愿宏,以南洋华侨众多,切需祖国文化为之陶镕,冀可略有影响。不幸适值世界不景气来临,七八年间营业资产损失甚多,致厦大拖累政府接办,不能尽国民一分子天职,歉愧实甚。

《南侨回忆录·行政院孔院长》

若论南洋华侨教育,应比较祖国为重要。祖国儿童若失教育,至长大后亦自知为中国人,虽后代子孙亦不失为中国人。若南洋华侨则不然,幼时如未受祖国文化,则常被土人或欧人所化,并自身亦与祖国脱离关系,后代子孙更难挽回。

《南侨回忆录·参政员欢迎会》

民国廿八年冬,余想祖国抗战二年余,沿海重要出入口概失守,华侨回国甚形困难,对于战争状况,民众生活多不详知,虽逐月输汇义捐,及派遣机工回国服务,未尝举派代表回慰劳忠勇抗战之将士及遭受痛苦之民众,海外华侨于义实有未尽。故发起组织回国慰劳视察团,简称曰"慰劳团"。

《南侨回忆录·组织回国慰劳团》

南洋各属华侨千万人,前辈先往者已在百余年之上,有传至数世未曾回国者,大约以闽侨居多,别称曰侨生。华侨在南洋殷富者,侨生最多,益受先代遗业及久积而来,然多不受祖国文化,视祖国为无何关系,此次抗战募捐义款,彼等鲜能解囊者,致义捐逐月成绩有限,汇寄家费更不足言,因彼等忘祖已久也。华侨一万人中能成为资本家者不过一二人,艰辛劳苦勤俭粒积,自身既不能运资回国,身后全付其侨生儿子,对祖国则一切皆脱离关系。此条为国家一部分之损失,希望抗战胜利后,政府如何设法以挽救此弊。已往之事虽难挽回,后来应思有以补救,而塞此漏卮也。

《南侨回忆录·蒋公宴慰劳团》

单就民国光复后近卅年,华侨逐年汇归祖国三四万万元,合计有一百万万元之多,于国计民生,补益不少。外人以货品往外国换金钱,而我国则以人命往海外换金钱,缘十人外出能归家终老者,恐不及半数耳。自抗战以来,华侨汇款年年增加,如去年(廿八年)汇来十一万万元,南洋华侨居三分之二,美洲等处三分之一。

《南侨回忆录·中共欢迎会》

值此严冬候届,将士无衣,忍冻受寒,辛勤为国,实堪轸念。海外侨胞,应即仰体蒋夫人恻隐之心,而发为慷慨之助。且蒋夫人此次向海外侨胞劝募寒衣,实与救济难童有别,盖救济难童,时间无限,多多少少尽可随时陆续寄汇,至若寒衣劝募,诚为应时急需,霜雪降临,时刻难耐,挥戈浴血,寒冻奚堪!吾侨安居乐业,须不忘后方之任务,不论团体个人,男校女校,宜当更加努力。

《南侨回忆录·附录一四:南洋华侨筹赈祖国难民总会通告第二四号》

现为抗战时期,希望他日我国胜利后,不平等条约取消,有志华侨自当投资祖国,裨益国计民生。

《南侨回忆录·重庆〈华侨日报〉》

余自二十年前,便注意我闽南可兴之事业,以就较容易办到而言,如石码制砖之土、安溪烧灰之石,两项均取来寄往欧洲化验,咸称为上品原料。如石码之土尽人都知为上料,唯乏新式窑厂并机器制造,故不能制出纯雅之洋瓦寄到南洋推销,徒令货弃于地。

1938年4月27日致陈村牧①函

闽南非战争要区,若战事了息后,正民族复兴之开始,不平等条约之废除,关税自主之保护,全国心理之改善,各种工业之勃兴,实为意中事,南洋闽侨向国内之投资,亦迥异往昔。

1938年5月2日致陈村牧函

余自公司收盘后,抱定以余生无多,除手创之厦大、集美设

---

① 陈村牧(1907—1996),字子欣,福建金门人,1931年毕业于厦门大学史学系,1937年任集美学校校董,后任集美学校董事长、校长近20年。

法不至关门外,则他无所求,每年回梓居住数月,以终余生足以。兹不料日寇侵略,不得已留洋稍尽一分子职责之余,而复思战胜后,民族复兴。破坏过后,建设方始,要招闽侨之投资,振兴闽南之事业,舍我伊谁?

1938年5月2日致陈村牧函

须知我国弱,世界战争便无止境;我国强,世界人类才能克享太平。盖我国一经强盛,自无复有伟大资源之弱国,可为列强竞争之场地,则战争之因素自然消灭也。凡我国民,应当认识此义,复兴中华民族,创造世界和平及人类幸福,皆当于此义求之。

《中华民族强盛,世界才有真正和平》,
《南洋商报》1939年1月26日

窃以闽省之大,边疆之广,更以海外侨胞之众,乃国防省防,历来失整,民不知兵,在世界太平时,尚且忘战必危,而况强邻暴寇,现已登堂入室,肆行劫杀。凡我闽籍青年,乡国子弟,应当投袂而起,卫乡即所以卫国,英雄适造于时势,岂虚语哉!

《勉闽侨青年踊跃参加闽省建军》,
《南洋商报》1939年1月27日

吾闽地临东海,边疆重任,责无旁贷,凡我闽人,更当猛醒,有志回省,月月可往。昔晋温峤绝裾而去,移孝作忠,名垂千古;三国徐母责子,移忠作孝,史称贤妇。凡我有志青年,当知国族存亡,大义所在,何者应先,善自抉择。古语云,将相本无种,男儿当自强。

《勉闽侨青年踊跃参加闽省建军》,
《南洋商报》1939年1月27日

我中华民国,海岸线之长为世界各国冠,而尤以闽粤二省居最重要之地位,自中外通商以来,海权丧失,百业落后,尤以海利为甚。民生困苦,遂不得不漂流海外,以图生计。若能挽回利权,扩而充之,不特沿海各省,可以自给自足,尚可发展无限资源,助益内地各省事业,为富国强兵奠立一伟大基础。

《冀早收回海权——在春节海上游艺会上致词》,
《南洋商报》1939年2月21日

"忠孝"两字为吾国历代祖宗几千年来世世相传的无价至宝,无论男女与不识字之人,咸都晓其大概。若为人不忠不孝,就难免被人鄙弃,斥为最恶劣的罪人,此已尽人都知。然"忠孝"二字,在现在抗战期间,则更觉万千重要。以"忠"字言,不专在做官者当尽忠、作事当尽忠而已,如对金钱一项之使用,更当能尽忠。何谓用钱当尽忠?凡有钱之人,不论一元八角,以至数千数万数十百万,在此国家存亡危急之秋,或坚吝不肯捐输,或作不正当花费,或虽捐输仅作应酬敷衍,而置国家存亡于不顾,内心全无真诚,不肯捐出救亡的相当力量,此实为不忠之尤。至于用钱购卖敌货,作敌人的推销员,用同胞的钱,借敌人

的手,来杀自己的同胞,危害对敌的抗战,其汉奸卖国的行为,比敌人尤为可恨,此种人不忠祖国,不忠民族,已是千古罪人,更无须细说了。至于"孝"字,不单以在家内孝敬父母为限,古圣云:"不孝有三,无后为大。"所谓"后"者,亦不专指后嗣而言,尚有比后嗣更重者,如家乡土地被敌寇占夺,国亡家破,则虽有后嗣,亦无地安身,比"无后"不孝更大。所以关于出力出钱之事,凡是中国人,在此抗战救亡危急期间,如不肯尽量去做,便是不忠不孝之罪人。

《抗战时期之忠孝与回国机工》,

《南洋商报》1939年3月9日

至七子班戏剧,在漳泉二属,最为盛行,可称为家乡戏。今晚诸男女侨胞,热烈来看此家乡戏,其关怀祖国家乡,可以想见。现下家乡之惨况,如金、厦沦陷,侨民已无家可归,其他沿海乡村被敌炮击,亦已逃走一空,内地城镇亦多被飞机轰炸,死伤难计。诸位侨胞既关心祖国家乡,应当在实际上输出金钱,以打败日寇,抢救家乡,庶能达到真爱家乡之目的。

……

自中外通商以来,外人时时居主人之地位,而我国民则居佣工、奴婢之地位。我国人何以不幸至此?则因外国人有大炮金钱,有机器货物,故彼能久占上峰,居于优胜地位,而我则一切都无。我国地大物博,人民众多,且天资聪慧,奈何不幸受此惨酷。考其原因,良由满清时代,过于束缚人民,所谓维新,又毫无实效,科学落后,生产不发达,加以外国不平等条约之压制,致民贫国弱,生活困难,至于极点。

《抗战建国与衣食住问题》,
《南洋商报》1939年4月11日

在此日寇未败退之前,实不能计将来如何损失。唯深信最后可胜利,那时复兴我国,亦并可复兴集美也。

1939年7月14日致陈村牧函

吾国抗战前,交通便利者,东南滨海诸省,抗战既起,西北、西南积极开辟,悉□国际通道复兴之业,□于以础其基。而于此之时,国家民族,大苦、大难、大觉、大悟、大团结、大振刷、大奋斗、大进步,一切蓬蓬勃勃气象,实亘古所未有。是以欧美人士见者称,闻者慕,联袂观光者,趾相错于途,吾侨生于斯长于斯,祖宗坟墓,田舍园宅,无不在于斯,其闻而慕之之心,自更切于欧美人士,特因组织乏人,孤往未便,遂亦有怀莫达,有志莫申。今本总会负责征求,设法组织,则平时有怀有志者,可以获达获申而无憾矣,幸勿自失。

《南侨筹赈总会倡组南洋各属华侨筹赈会回国慰劳团》,
《南洋商报》1939年12月5日

本人亟欲返国一行,久有所怀,但以际斯抗战军兴之时,倘唯徒然赋归,无益于事,反受亲友接待之劳,则非所愿,踌躇未行,即此之故也。近思祖国神圣抗战,持续多年,敌寇崩溃,势所必然,而我胜利到来之期,日在接近之中,乘此千载难逢良

机,躬临首都,一睹民族复兴盛况,实亦人生幸事。过此之后,抗战告胜,建国已成,其时言返,则此一民族史上之空前伟大战绩,已无复可睹矣,岂非可惜?

《谈返国夙愿》,《南洋商报》1940年1月27日

"革命之母"一语,系孙总理初时提倡革命,奔走海外三十余年,所有用费,多向侨胞筹集,虽非千万巨款,然于总理初期革命事业之完成,颇有关系,故总理加以称誉,此乃过去之事也。今日国内同胞对海外侨胞尚加如此美名,原应归前人之功。乃有后辈之人,身居华侨地位,亦引此名词妄自夸耀,未免为识者笑,希各团员注意之。

《明确慰劳团使命,并以谦逊勉之——在欢送慰劳团会上的致词》,《南洋商报》1940年3月6日

本人之意,以为福建乃抗建之一重要据点,改善之计,必须标本兼顾。目前之苛政种种,固有待于积极改善,而今后之建设,百端待举,亦宜广集群力,予以提挈而后可。为便利两者力量之发挥,本人特建议组设"海外闽侨联合会",由南洋各属闽侨会馆联合产生之。

《倡组海外闽侨联合会》,
《南洋商报》1941年1月22日

惟国内设校,所以必在闽粤两省者,以海外千余万华侨,闽粤两者占百分之九十以上,而闽省侨民,尤以闽南人占最多数,

故国内如可设校,必以闽粤为先,闽省更以闽南为重,以风土人情之适宜,定可收事半功倍之成效。集美学校之学生,二十年来所表著于南洋者,大可资为证例也。

1941年2月18日致国民政府教育部部长陈立夫函

盖不忍坐视我闽人,遭倒悬惨苦而不救,况不能救乡,何能救国?

《南侨回忆录·在仰光福建会馆报告闽人惨状》

我人对政府不敢过事苛求,惟望政府当局,体恤海外闽侨之关切家乡,在可能范围,对于不善之处,加以改善。海外闽侨,稍得安心,已感满足矣。

1940年12月31日在槟城与吴铁城的谈话

本人对国家事,向少过问,惟曩年以西南异动,背叛中央,攻击陈济棠,近年又以和平妥协,卖国求荣,攻击汪精卫,兹则苛政如虎,率兽食人,攻击陈仪、徐学禹,此岂本人之好事哉,良心上出于不得已耳。

《考察福建耳闻目见》,
《南洋商报》1941年1月20日

闽为产盐区,自计口授盐,民食反缺,查每口月十二两,盐店更私屯抬价,得盐愈艰。贫民厨无兼味,专赖盐菜佐餐,计口授盐,腌盐菜者并无加给。庚回闽目睹苦状,情不能忍,谨电请求饬闽盐局在原额之外,酌量加给腌菜之盐,并严禁盐店舞弊,以维民食是幸。

1940 年 12 月 3 日致孔祥熙函

我闽侨爱国好义，输财出力，协助政府抗战，素不后人，望更秉此精神，贯彻始终，国家得救，即闽省得救，民族解放，即闽民解放，愿与吾闽诸如姊妹伯叔弟兄共勉之。

《闽侨大会宣言宣布陈仪①十罪》，
《南洋商报》1941 年 4 月 6 日

致令福建父老长在水深火热之中，这种国未亡而家先亡的情形，谁不痛心！我们侨胞虽远隔重洋，但这里终究是客居，谁不想于将来回到故乡去，更有谁不对故乡这种惨痛情形而亟思所以拯救他们呢？……

可是诸位要知道，"天下为公"这四个大字的意义，中国决不是属于一省人的，福建不是陈仪派的，福建是福建人的。福建土地肥饶，森林畅茂，地又靠近海滨，小弟曾走过十余省，多是牛山凿凿，地多不毛，可以说比福建差得多，而且福建华侨大量寄款回去，他们早认为最理想的殖民地，②要是我们不把陈仪派打倒，我们是无法救家乡的。

《在闽侨大会揭露高凌百拥汪亲德吴铁城失省且为贪官》，
《南洋商报》1941 年 4 月 3 日

---

① 陈仪(1883—1950)，浙江绍兴人。中华民国陆军二级上将。1934年出任福建省政府主席。陈嘉庚带领南侨慰劳团回国访问期间，考察福建，察闽政令苛暴，民不聊生，为救故乡人民脱离水火，陈嘉庚坚持不懈向蒋介石、林森及国民政府参政会等控告陈仪祸国殃民罪行，1941年陈仪遭撤职。

② 原文如此。

吾闽不幸自国民光复，至陈仪时代操权之省长前后十左右人，本省及外省各半，无一善类，非奸则贪，非愚则妄，至陈仪为尤甚，善良有才干之闽人，多摒弃不用，且反鄙视闽人无才能，可胜痛哉！

《南侨回忆录·不居尊处优》

余自到福州后，报界记者及此间访员男女十余人，纷纷来言此间民众苦景，而尤以贫民为惨，都由贪官污吏种种苛政，对报馆则取极严酷检制。不但禁止言论，虽市内公事新闻，稍为登载，检查员以为扰乱治安，概行删去。诸记者或单独来访，或两三人同来，所言大都同样。厦大学生、集美教师，亦有言者，莫非告诉贪污苛刻、民不聊生等事。余答君等所言颇多，余不能详细记忆，可用书面写一报告较妥。集美教师不敢负责而退。至于商界及素略相识者，多不敢言，若有问则须于无人处方敢开口。迨至最后余将离开福州之前夕，男女记者十余人同来见余，云彼等"今日为良心所驱使，故联袂来见。自数月前咸希望先生到此，报告惨况，挽救民众倒悬痛苦。盖舍先生外，无其他可挽救"云云。余答："君等所言，余多不能记忆，最好用书面写一折为妥。"诸记者面面相顾，莫敢应承。后一人云："我可负责写来，如受酷祸，为民众死亦甘心。"余告诸记者切共守秘密，并告负责记者，极迟明早六点送来。至中夜便已送来矣。

《南侨回忆录·义勇的记者》

市内贫民虽如此悲惨,而茶店酒楼,日夜仍热闹不休,多系军政界公务人员之花天酒地也。以崇安等处米价廉宜,每担仅十七元,运至福州至多加四五元,合算不过廿一二元,而福州每担卖七八十元。居奇厚利,害民之惨岂不甚于猛虎也。

《南侨回忆录·苛政猛于虎》

余认陈仪骄愎,无意接受余恳求,便拟不往永安,由长汀回洋。即电南平旅运社,将留存行李,寄交长汀厦大收转。

《南侨回忆录·陈仪拒哀求》

计余在同安城两天,旅馆费自理,县长所开招待费,仅晚宴数席,至多三几百元,同余至灌口回去三天,每天费作二百元,计六百元,合计至多一千元。其后闻就同安城内,派捐商民招待余用费三千元,又向各区派捐万元,统计派捐二万余元。余回洋时该县长已解职。彼系外省人,据政界人报告彼任同安县长二年余,获利二百余万元,多系征派军米及统制运输之后,与奸商合作,大半取米货奇利,故能发如许大财。……以同安县长如此吸人民脂膏而言,则陈仪祸闽更可想见矣。

《南侨回忆录·县长发大财》

少顷,余请张县长入房内,告以"自入闽以来,各处受统制运输之害,致各物昂贵,民众凄惨无告,诚出余意外,经函电向陈主席要求撤销,未蒙许可,贵处有无设运输机关及苛政病民事项,希示予知,以便交涉"。张君答:"我想此事无须交涉,且交涉亦必无效,不如勿干预作罢更妥。"余闻后大失所望,心甚不满,即起身出房外与他人谈话。盖余以张君为泉属人,且任集美教师多年,身任地方县长,知苛政害民凄惨,必能见告。岂料不但不告,反劝余无须交涉,不顾民众饥饿、疾病、死亡、悲惨,天良何在?

《南侨回忆录·利令智昏》

至于闽省弊政,固非止一端,如省营贸易运输企业各公司之殃民祸国,以及苛征重赋蔑视教育之各种显著事实,前在昆明晤教,多已详陈左右,兹不复赘。民众负担加重,官邪难尽肃清,此固恒情习见,亦为各省所有,惟无如闽之惨酷,甚至灭绝人性耳。庚明知言轻,反对无效,弟良心难泯,近在南洋召开各属闽侨大会,再向中央请愿,纵未能根本有济,亦求千余万众之闽人,痛苦略减而已。多承执事关垂,用敢详举以告,尚希对闽民苦盐,更施匡济,无任感激。

1941年3月12日致国民政府财政部盐务局局长张绣文函

战时须统制,无非防备奸商运物资敌,而非阻止自家良民之生活交通。政府借此以取财利,而美其名曰战时统制。然政府要苛取民利,亦须略有方法,安可设阻害交通之机关,将三天路程,延迟至六十天左右方能运到,将良好食物,置之臭坏,致令粮食昂贵,而今贫民饥饿、疾病、死亡、惨痛,无异帮助战时敌人之残杀。余在洋经过两次世界大战,绝未闻当地政府施此误民自杀之政策。又回国以来历十余省,虽山西、河南、湖北、湖南、广东、江西、浙江等战区,亦未见施行此策,独闽省有此。且

闽省非战区，而曰战时必行，将谁欺？

《南侨回忆录·与陈仪三代表论统运之害》

是日下午至芒市，寓于招待所，接蒋委员长来电文两通，一云："来电收，闽省田赋系中央意旨，闽事可电我知，切勿外扬。"又一电云："昆明来电已收。"此两电大约同日发来。一无关系，一则护恶讳疾，诚如李宗仁君所言"作事甚偏"。盖偏则不正，不正则无是非。余所报告陈仪祸闽苛政，请改善利民，与抗战军机消息，绝无关系，何须缄口？

《南侨回忆录·接蒋委员长复电》

将来成败置之度外，盖不忍坐视我闽人，遭倒悬惨苦而不救，况不能救乡何能救国？美国汽车大王有言，正当之失败，无可羞耻；畏惧失败，转可羞耻。望同侨勿畏陈仪势大，而袖手不救幸甚。至义捐救国及汇寄家信，更当努力进行，万不可因陈仪祸闽，便灰心馁志。要知抗战救国之责任严重，本省内出力较他省逊色不少，我海外闽侨，应多捐金钱，以补省内之不足，俾他日抗战胜利后，历史上方有地位，后世子孙亦可无遗憾也。

《南侨回忆录·在仰光福建会馆报告闽人惨状》

民卅年元月十日下午，余假中华总商会，开合坡闽侨大会，报告陈仪及徐学禹祸闽状况，约如在仰光福建会馆所言，并言以余回国经验，要援救本省民众甚于水深火热之惨，除非打倒陈仪、徐学禹，决无挽救办法。……本省千余万人民，日处倒悬之中,饥饿、疾病、死亡、自杀者不可胜计,且日甚一日,悲惨无已,余何忍袖手坐视而不救乎?

《南侨回忆录·新加坡闽侨大会》

民卅年春初,余回到新加坡已月余,见蒋委员长及蒋夫人,对余因陈仪祸闽事,已生恶感无法挽回,然不忍坐视闽民凄惨于不救,故不计利害,唯有以积极进行为天职。乃将陈仪徐学禹祸闽种种事实十余条,印刷千余份,分寄重庆国民参政会诸参政员,复向参政会正式提案,并寄政界各要人,与及各省主席、各战区司令长官、南洋各处日报,俾中外咸知闽民受祸之惨也。

《南侨回忆录·救闽更积极》

代表全侨归国考察,凡有所见,必布于公,职责固所当然,人格尤宜尊重,安能窃名居位,缄口结舌,以辜负海外全体华侨付托之重哉?千余万故乡同胞,惨沦水火,苟竟熟视无睹,且从而助纣为虐,是诚别有居心,复何责焉?至该代电所称,庚因某种关系,并加以阻碍抗建,破坏团结,削弱侨胞信任政府,种种恶名,原乃诬毁者之惯技,更属不值与辩。

《揭发闽苛政系职责所在》,

《南洋商报》1941年3月22日

陈仪主闽,政令苛暴,民不聊生,举其大者:一曰滥发纸币,私营企业;二曰操纵运输,垄断贸易;三曰勒派军量,重加田赋;

四曰狡行检查,没收民物;五曰名民公沽,制造饥馑;六曰强迫兵役,虐待壮丁;七曰逮捕参议,钳制舆论;八曰滥用私人,排除异己;九曰视民如仇,遍设罗网;十曰摧残教育,削低文化。凡此诸端,无一不是祸国殃民,而陈仪兼之。去年陈嘉庚氏回国考察,目击心伤,一再恳切忠告,吁请改善,而言者谆谆,听者藐藐。闽民怨声载道,陈仪更充耳不闻。长是以往,如水益深,如火益热,吾闽将无瞧类矣。不待敌之亡我,吾闽将自亡矣,其影响所及,又岂徒吾闽一省已耶?大会同人鉴于陈仪之鱼肉民众,诿责中央,祸闽祸国,义难缄默,用决议呈请国民政府罢免陈仪省主席本兼各职。

《闽侨大会宣言宣布陈仪十罪》,

《南洋商报》1941年4月6日

衡阳为西南要区,东西南北火车汽车之交通中心。抗战胜利后,我国必大发展,而衡阳之繁荣,日后可与世界有名各大市区住居数百万人者媲美,此系确可达到之事,不过时间问题而已。希诸君放大眼光为久远之计,对卫生方面极力注意为要。其最要者当如南洋新加坡,廿年来市政改良之计划,如建筑店屋必留后路,不许前后屋相连接等事。

《南侨回忆录·衡阳之将来》

余念武夷山风景如此佳妙,茶利如此优厚,而沿途几于鸟道难通,何能吸引游客?即告刘县长,愿捐一万元修改此路。按用五尺长石板作阶级,石系山中所产,只费工资而已。嘱刘县长召匠估值,是否足数,希为函知,并先交一千元作筹备费。

《南侨回忆录·观止九曲江》

余自民国十一年春离开集美乡南来,迄今首尾十九年,始复与集美师生相见,越日开欢迎会,余仍报告回国目的及南洋华侨对抗战各情,并言经历国内十余省,确信最后胜利必能属我,又言及久滞海外,不能回梓,思乡蒙念,无日能忘,弟为俗务纠缠所限耳。会毕参观全校,虽非正式校舍,而战时假寓亦颇过得去,校内及寄宿等处亦整洁,学生精神亦好,余甚喜慰。

《南侨回忆录·在安溪之集美学校》

余到农林时,集美乡长数人来迎。在农林点余钟再启程。途中见集美校舍,欣喜莫可言喻,几似梦中遇见。盖离别近二十年未能回梓,梦寐思乡难以言尽,兹达素愿,喜慰无限。

《南侨回忆录·十九年后回故乡》

余招侯君登山岭,可望见集美乡苍茂树木及校舍屋顶红瓦。余告侯君云:"余今登此,望见集美校舍,是否此生最后一次乎?"侯君答:"何如此悲观?"余云:"陈仪祸闽如不改善,或不去职,余当然攻击到底。既与他恶感,余安能归梓?设陈仪能革去,战争胜利后,国民党握政权苛政虐民,上下争利,余亦不能缄口坐视,势必极力反对,如此党人亦不能容,而视为眼中钉,余何能回梓?唯有恶官倒台,余方有回梓希望也。"

《南侨回忆录·登高望故乡》

余自民国十一年出洋,至今回国,历十九年之久,无日不思乡,不幸为营业牵累,有怀莫达。迨至近年可以脱离,则又因祖国抗战,负责南侨总会任务,迟至此次组织华侨慰劳团,幸得同他等回国。

《南侨回忆录·应采出而反贡入》

至于救国之目标,无非求领土之完整,主权之恢复,不平等条约取消,人民得自由幸福,达到总理临终之遗嘱也。

《痛论中苏条约割弃外蒙》,
《南洋商报》1946年2月22日

吾闽匍匐于军阀统治三十余年,闽人疾首痛心,无法自救。今幸人民解放大军横扫江南,前锋已入闽北,全省解放,指顾间事。庚适由海外归来,道出香港,光明在望,曷胜欢欣!惟念闽人如欲于此后新中国占一员,新政治参一语,值此黎明前夜,宜当奋发有为,不限任何方式,各就本位努力,从速策进和平,迎接解放。在闽蒋党之军政大员,尤宜放下屠刀,立功自赎,保存国家元气,减少地方损失,人民和平大道,处处予以自新。倘执迷不悟,作恶到底,身败名裂,即在目前,闽人决不宽恕。福建乃华侨之故乡,闽人有救省之责任,坐待解放,识者之羞!恳切进言,幸速奋起。

1949年5月促请闽人迎接解放公告①

---

① 此为公告,没有具体日期,查后应为陈嘉庚由新加坡经香港回国,于1949年5月28日发出,文告收于厦大南洋研究所的剪报资料集《陈嘉庚》。

一百年来，皆因为中国弱，才引起世界大战，世界的大小战争，究其原因，都因为中国弱所致。甲午中日战争、日俄战争，皆因为中国弱，为中国领土争夺导致的。第一次大战，亦是因为日俄战争，割俄二省属地给奥，致人民愤怒刺杀奥太子引起的，间接原因亦由中国来。第二次世界大战，亦是中国弱，日本出兵侵占，墨索里尼、希特勒亦步日本后尘，大战遂爆发。中国弱致世界乱，这是因，今后，中国强，则世界和平，这亦是果。

《美英叫嚣冷战之原因——对集美学校师生员工的讲话》，

《美英叫嚣冷战之原因》油印本，陈嘉庚故居档案

政府设施各事，日就轨道，台湾不久解放，战事告终，外交建立，治安日好，若本年两季不遇水旱灾，则收成不歉，东北剩余更伙，食物确可充裕。那时百物降价，政府财库充满，则人民币价值必大升特升。

1950年5月29日致陈村牧函

广州、厦门是我们对东南亚贸易重要的门户。由此可见，把厦门港建设起来，不但是一市一省的利益，实可为华中、华南、西北、西南十余省的利益，都是具有重大意义的。

《厦门的将来》，

《陈嘉庚先生交存文件》，集美校友会

"关于根治黄河水害和开发黄河水利的综合规划"，乃我国

历史上一件大事,第一期工程完成后,黄河流域之自然面貌将有巨大变化,几千年来为害人民之河流将变成富国利民之河流,此也只有毛泽东时代始能有之。此一伟大规划不但鼓舞全国人民,也鼓舞一千二百万热爱祖国之华侨,进而将加强华侨对祖国人民政府之拥护与自豪。

《在第一届全国人民代表大会第二次会议上的发言》,
《人民日报》1955年7月26日

鹰厦铁路的通车,不但对于解放台湾有巨大作用,对于开发福建富源为社会主义建设服务也有巨大作用。

福建过去交通不便,工业落后,解放后虽有若干发展,较之他省,相去仍远。但是这里却蕴藏着取之不尽、用之不竭的矿物、水产和森林资源。

《在第一届全国人民代表大会第三次会议上的发言》,
《人民日报》1956年6月28日

长久以来,华侨期望祖国强盛;现在,这个愿望已经实现了。在这个伟大的祖国,华侨可以和全国人民一道,贡献自己的力量,参加建设事业,实现建设家乡的理想了。

……

周总理曾经指出:中国人民愿意在可能的条件下,争取用和平的方式解放台湾。事实很明显,和平解放台湾对于祖国有利,对于世界和平有利,对于华侨当然也是有利的。爱国的侨胞,对于推动和平解放台湾的事业,应该和祖国全体人民一道,担当起应负的责任。

《在中华全国归侨第一次代表大会上的开幕词》，

香港《大公报》1956年10月6日

南方适中良港，以厦门为最好，其与南洋交通线，较日本可少千里，较欧美可少数千里，不久铁路敷设到厦，华中及西南北等省，可取厦门为出入孔道，则南洋各属华侨，将更踊跃介绍中外物品贸易，增进工业生产与外汇，其利益之广大，不但福建一省而已。

《在第一届全国人民代表大会第二次会议上的发言》，

《人民日报》1955年7月26日

我亲眼看到，各族人民是怎样欢欣鼓舞地高喊"毛主席万岁"，庆祝他们按照宪法的规定，在全区范围内行使他们在管理本民族事务上当家作主的权利。

中国人民政治协商会议全国委员会副主席、前新疆省人民政府主席鲍尔汉告诉我，当地民族害怕汉人，汉人害怕当地民族的时代永远成为过去了，新疆现在成了各族友爱合作的大家庭！

……

事实证明，只有社会主义才能使国家富强，使人民幸福。社会主义是完全适合中国国情的。

《伟大祖国的伟大建设》，

中国新闻社1956年1月26日新年特稿

八百万台湾人民之中有将近六百万人是闽南人，他们说的

话和我现在说的话是一样的,是厦门语系的话。他们有很多是当时追随民族英雄郑成功到台湾去的后代。他们在那里反抗过清朝统治,也抵抗过日本殖民统治者。他们还有不少人是在台湾有家,在闽南也有家的。几年来由于美帝国主义霸占台湾和蒋介石卖国集团的统治,使他们父子、兄弟之间未能团聚或互相往来,过着痛苦的生活。当他们听到周恩来主席对他们的关怀和号召,一定会感到无比的温暖和兴奋。祖国建设的成就是这样辉煌,家乡面貌的改变是这样巨大。福建铁路很快就要通车了,火车要一直开到厦门市,他们一定会非常振奋。这里我要告诉台湾国民党军政人员:福建人民对于你们勾结美帝国主义奴役台湾同胞的罪行是痛恨的,但是只要你们响应周主席的号召,幡然改悟,走和平解放台湾的道路,使台湾回到祖国怀抱,福建人民也将和全国人民一样:宽大对待你们,不究既往。

《在中国人民政治协商会议第二届全国委员会第二次全体会议上的发言》,《人民日报》1955年2月11日

最紧要的是国家前途。中国有两派,旧的一派是国民党,这一派很坏;新的是共产党,它领导全国人民,建设社会主义。人有一次死,早死晚死不要紧,最要紧的是国家。国民党过去做尽坏事,他们逃到台湾去了,那些人一生自私自利,假公行私。这一派现在还在捣乱,多开国家不知多少钱。我们应尽早解放台湾。台湾必须归中国。

《陈嘉庚遗嘱》,《中华全国归侨联合会关于接受陈嘉庚主席的爱国遗嘱号召华侨为解放台湾而斗争的决议》

第二篇

教育立国　倾资兴学

教育为立国之本，
兴学乃国民天职。

诚以救国之既乏术,亦只有兴学之一方,纵未能立见成效,然保我国粹,扬我精神,以我四万万民族,抑或有重光之一日。

《筹办南洋华侨中学演词》,《国民日报》1918年6月18日

生平志趣,自廿岁时,对乡党祠堂私塾及社会义务诸事,颇具热心,出乎生性之自然,绝非被动勉强者。

《南侨回忆录·弁言》

民国光复后余热诚内向,思欲尽国民一分子之天职,愧无其他才能参加政务或公共事业,只有自量绵力,回到家乡集美社创办小学校及经营海产罐头蚝厂。

《南侨回忆录·创办集美小学校》

余侨商星洲,慨祖国之陵夷,悯故乡之哄斗,以为改进国家社会,舍教育莫为功。

《集美小学记》,
《初等教育界》第2卷第8期,1931年12月

今日国势危如累卵,所赖以维持者,唯此方兴之教育与未死之人心耳。若并此而无之,是致国家于度外,而自取灭亡之道!夫公益义务,固不待富而后行;如必待富而后行,则一生终无可为之日。救亡图存,匹夫有责。我厦中人士其可不猛省乎?且财自我辛苦得来,亦当由我慷慨捐出,认捐十分之二三或十分之三四,则亦无损于富。

鄙人深愧绵力，负担有限，唯具无限诚意。希望内地诸君及海外侨胞，负国民之责任，同舟共济，见义勇为，则数千万元之基金，不难立集。

欧美先进各国，统计男女不识字者不及百分之六七，日本为新进之邦，亦不满百分之二十，我国则占百分之九十余，彼此相衡，奚啻霄壤。国民之程度如此，欲求免天演之淘汰，其可得乎?！嗟嗟！我国不竞，强邻生心，而最痛巨创深者，尤莫我闽若也。试观吾闽左臂，二十年前固已断送。野心家得陇望蜀，俟隙而动，吾人若不早自猛省，后悔何及！诚能抱定宗旨，毅力进行，彼野心家能剜我之肉，而不能伤我之生；能断我之臂，而不能得我之心。民心不死，国脉尚存，以四万万之民族，决无甘居人下之理。今日不达，尚有来日，及身不达，尚有子孙，如精卫之填海、愚公之移山，终有贯彻目的之一日。勿自馁其志，而视为杯水车薪，无裨大局。须知众擎易举，众志成城，是所深望诸海内外同胞也。

《陈嘉庚校董民国八年筹办本校演词摘要》，
《厦大周刊·厦门大学十二周年纪念专号》，1933年4月6日

学制改革已十余年，以前之旧学先生日减，乡村私塾大半停歇，新学师校则腐败如此，吾闽教育前程奚堪设想！余常到诸乡村，见十余岁儿童成群游戏，多有裸体者，几将回复上古野蛮状态，触目心惊，弗能自已。默念待力能办到，当先办师范学校，收闽南贫寒子弟才志相当者，加以训练，以挽救本省教育之颓风。

《南侨回忆录·闽垣师范学校》

民国二年秋余复南来。不久欧洲战事发生,余因租轮船及购置轮船,并因黄梨厂、树胶厂颇有收获,故决意创办师范及中学等。民国六年春商遣舍弟敬贤回梓,负责建筑校舍,并函托上海江苏第二师范校长代聘全校校长教职员等。定期新春开课,师范生三班、中学生二班。至课室校址,则从鱼池地小学校舍后方及左右起盖,礼堂、膳厅、宿舍、操场等,购鱼池后田地,填筑兴建。

《南侨回忆录·创办集美师范及中学》

集美师中学校初办时,收师范生三班、中学生二班,中学生只交膳费,学宿费均免,师范生膳费亦免,各生不拘师中,所需被席蚊帐,概由校中供备,以资一律。至新招师范生,因鉴于福州省立师校偏僻,故力思改革,以期普遍。又恐殷实子弟志愿有乖,毕业后不肯服务教职,乃函告闽南卅余县劝学所长,请于每一大县代招选贫寒学生五六人,小县三四人,共一百廿余人,并烦注意人选,详填履历,到校时加以复试,凡违背定章或不及格者决不收容。经如此严格取缔,故各县选来诸生大都相当不错。再后逐期招师范生仍依此例,数年后已无须防弊,始取消此规例。至南洋华侨小学毕业生,如有志回国升入中学者,则由新加坡本店予以介绍函,概行收纳,到校时如考试未及格者,则另设补习班以教之。此为优待华侨派遣子弟回国而设,此例永存不废。

《南侨回忆录·师范生按县分配》

聘请教师非同市上购物,可以到时选择。校长若能用人必及早行函往聘相知,如脑中乏此相识者,则函托知友介绍,非充分时间不可。况年终时稍好教师设有更动,早被他人聘定,决无待价而沽之理。

《南侨回忆录·集校第二次更动》

余以本省海岸线长,渔利航业关系非鲜,故拟办水产及航海学校。

《南侨回忆录·添办水产航海学校》

我国素称以农立国,然因科学落后,水利未兴,改良无法,故收获不丰,民生困苦。本省虽临海,农业实占一大部分,尚乏农林学校,以资研究改良。余对于农科尤为注意。

《南侨回忆录·添办农林学校》

余为提倡及改善闽南教育计,派人调查县立小学办理不善者,助费改善之,或另设模范小校为领导。泉州有一私立中学,系诸学界人苦心创办,成绩颇好,后因经济困难,将停止,余念泉城为文化之区,不忍放弃,故捐资维持。同安本县华侨在南洋众多,富商及中等商人不少。余乃提倡全县十年普及教育,按每年创办小学二十校,每校平均至多助费一千元,十年二百校,从中富侨自己创办者按五十校,尚缺一百五十校,十年之后每年十余万元。以同侨财力一人可以负担,况富侨百数乎。

《南侨回忆录·补助小学校》

闽省千余万人，公私立大学未有一所，不但专门人才短少，而中等教师亦无处可造就，乃决意倡办厦门大学，认捐开办费一百万元，作两年开销，复认捐经常费三百万元，作十二年支出，每年二十五万元。……而校址问题乃创办首要，校址当以厦门为最宜，而厦门地方尤以演武场附近山麓最佳，背山面海，坐北向南，风景秀美，地场广大。唯除演武场外，公私坟墓密如鱼鳞。厦门虽居闽省南方，然与南洋关系密切，而南洋侨胞子弟多住厦门附近，以此而言，则厦门乃居适中地位，将来学生众多，大学地址必须广大，备以后之扩充。

《南侨回忆录·倡办厦门大学》

然余则不赞成品字形校舍，以其多占演武场地位，妨碍将来运动会或纪念日大会之用，故将图中品字形改为一字形，中座背倚五老山，南向南太武高峰。民十年五月九日国耻纪念日奠基。左右近处及后方坞墓石块不少，大者高十余尺，围数十尺，余乃命石工开取做校舍基址及柱墙之需，不但坚固且亦美观。……教育事业原无止境，以吾闽及南洋华侨人民之众，将来发展无量，百年树人基本伟大，更不待言，故校界之划定须费远虑。……计西自许家村东至胡里山炮台，北自五老山，南至海边，统计面积约二千亩，大都为不毛公共山地，概当归入厦大校界。

《南侨回忆录·演武场校址之经营》

外国银行因余侵欠巨款告予停止校费，余不可，故民二十

年秋改作有限公司，银行亦参加，并举多人为董事，规定校费逐月坡币五千元（申国币七千余元）。然厦大逐月尚需二万五千元，集美一万余元，共三万余元，除国府补助五千元，其他收入二千元，有限公司七千元，共一万四千元，尚不敷二万二千元。至民二十二年终，有限公司收盘，计二年余用去六十余万元，此系由马六甲曾江水亲家捐十五万元。叶玉堆先生捐五万元（两条申国币三十万元）。厦门厦大校业变卖十余万元，集通号（在厦专理两校财政）向人息借二十余万元，此乃余极力维持两校之实在情形也。

《南侨回忆录·集美、厦大之支持》

民国廿五年买树胶园四百英亩，成本十六万余元，拟作厦大基金，每月入息约二千元，该款系向李光前、陈六使各捐五万元，陈廷谦一万元，李俊承五千元，不敷由余凑足之。民国廿六年春，余念厦集二校虽可维持现状，然无进展希望，而诸项添置亦付缺如，未免误及青年。若政府肯接受厦大，余得专力维持集美，岂不两俱有益，此乃出于万不得已之下策，乃修书闽省主席及南京教育部长，告以自愿无条件将厦门大学改为国立。……厦大自民十年开办，迄余公司收盘，适十二年足，及至交卸共十六年有奇，余支出款项，适与当时认捐四百万元数目相符，其凑巧如是。每念竭力兴学，期尽国民天职，不图经济竭蹶，为善不终，贻累政府，抱歉无似。回忆古语云"善始者不必善终"，亦聊以自解耳。

《南侨回忆录·厦大献与政府》

民国光复前清学制变动后，南洋华侨学校寥寥无几。光复后略有进展，概属小学校，马来亚未有正式中学。民国七年余乃招多位侨领，在新加坡倡办新加坡南洋华侨中学校，筹款五六十万元，向上海聘请校长教师，越年春开幕。自是之后，南洋各处不但中等学校继起设立，而小学校亦更形发展，几如雨后春笋。

《南侨回忆录·南侨中学校之兴设》

窃念教育关系后生，极为重要，董其事者必以公忠热诚为主方能收效，否则，不免贻误青年，安得利用学校以为广告，无论中外，此风诚不可长也。

《南侨回忆录·新加坡华侨中学新校舍之建筑》

希望南洋侨胞醒悟用财之道，及内地或亦有所感化。如大吹特吹、大声疾呼不牺牲财无教育可言，民无教育安能立国。以最近区而言，如吾闽下游一带，几不尽变野蛮者几何耶？兴念及此，不容不致力于义务。且以崇实求是，树侨胞之模范，冀多进于群德，是以不得不恳请真才之士出为帮助，乃能收美满广大之效果，非仅集美一校成绩之收效而已也。

1920年5月1日致叶渊函

然凡事创始，要望日后之大成，未尽必一举顺利（序）无困难之问题，亦未必有一蹴便臻完善而免改革之苦心。以现下人才诚乏，弟意初办之际，亦免特选最高无上之校长、教师，若得中上便足。

1920年6月27日致叶渊函

百尺高楼从地起,初举之简陋及寡数,窃世界虽文明国之学校,难保不从此经过,不足引咎,亦不足抱歉。总是谦虚为人之美德,无论日后如何进步,吾侪决不敢自骄。但位居平民,希不失平民之资格,抚心自问,莫乖天良,唯实事求是,先度学生之程度,因而聘相当之师,再后潮涨则船亦可随之增高。

1920年9月9日致叶渊函

盖逢革故鼎新之世,必遭数年或数十年之辛苦,并历尽困难,然后得享幸福,未有安乐清平越过此之时代。明乎此,必早具有毅力锐志与此困难相搏战,所谓国民之天职。

1922年×月×日致叶渊函

至集校经费以为如要节省,对于添置等项,逐月可节八百元云云,窃凡应开之费,弟甚赞成进行,不愿异日受参观者不满意,况属本校内容乎!如果因经济之故,要节省此月数百元者,则我不如且限急进,勿期添招新生与建筑,尤为可省多多。弟意在洋土产虽败,营业虽苦,若本行尚能顺手无阻,如不毅力进行,义心不决,或者前途利源亦有所限制。本校宗旨对内抱无穷之责任,对外负无限之鼓吹,安可不一鼓以作气。虽为社会守财,无为之费,一文宜惜;正当之销,千金慷慨。

1922年6月11日致叶渊函

林文庆先生性情质直,公心无私,对于集美学校不肯轻许①,至为可感。弟深知彼甚有心于集校,唯未经一二年之试验,立即许可,则厦大之价值何在?况欲示大公无我于全国乎!为本校计,亦不必因诸生之轻举要求便尔急急与厦大计较。盖有麝自然香,设迟一二学期何妨。

1922年6月18日致叶渊函

在诸君之意,以为缓进几年加聚百余、二百万元,那时根基巩固,进行为宜。②第不明一金之愿或不可得,富之不可求,古训尚尔,况居然要待加聚积百万元之外,谈何容易,知命者决不敢期。若造物有意,谅无因年输出数十万元便限我进步与活动力也。世未有安乐无为而能享大名福,万众免经困难之境,况方历国体改革之初,占国民分子之一犹当竭尽职务,勇往直前,冀可收目的之效果。若群疑满腹,畏首畏尾,或因私计萦恋,善善而恶恶,言易而行难,终难免乎空言耳。今日国景之日趋乐观,更为吾人所当奋发,各思有以勉之。况在初步幼稚③,不进则退。昔周君告洪武曰:"只管行,只管有风,无胆不行便无风。"

1922年6月18日致叶渊函

本女校外闻风传最不堪入耳之谣言,真令人闻之无限忧患之至!果所闻不虚,则人格与天良虽渐置一边,而甫飘摇萌芽之集美学校将如何,实属可惊可痛!若在误闻,辞去一教员亦

---

① 指集美学校要求中学学生免试直接升厦大。

② 诸君之意:指厦大校长林文庆等见南洋经济不好,劝陈嘉庚集厦两校"均停止更进,唯维持现状,注重务精为首要,待日后经济转机,然后再进"。

③ 指厦大、集校两校处于创办阶段。

不甚关要。倘稍近微嫌,亦好知改前非,行德补过。

1922 年 8 月 17 日致叶渊函

建筑费为闻小儿言,厦集①按月仅四万元,各得半数,本校除校费外,只存三千余元,不敷分配等情。窃弟未曾对儿辈言限定校用费,或不肖妄揣弟意耳。盖弟性病急对他事,然若对于厦集二校之进行亦然,恨乏能力可大步,稍能放步,决无画进②之理。近为树胶限制,手内存货业已卸去,约可得利六七十万元,再冀此两月间又利二三十万元,共得百万元,则营业上较为稳健,再后入息可取全数或过半供厦集之需。故昨天函告林校长,承认由旧历元月起,全年逐月五万元汇供其核用。

1922 年 12 月 22 日致叶渊函

今日厦大帮助无人③,德已孤矣。弟现无实力基金,所许者未来之利,虽属未来之利,窃亦有充分可靠。总是由小规模而求厦大之办法,于厦大实足相当。非必高大之规模,年费数百万元方合厦大之设备。

1922 年 12 月 26 日致陈延庭函

当除厦大办不到之科而由本校承办,并助吾闽各科学之完

---

① 指厦门大学、集美学校两校。
② 划定框框,限制发展。
③ 指在厦大创办经费上其他华侨不能予以帮助。陈嘉庚在此告诉负责厦大基建的陈延庭先生,厦大的建设只能依靠将来自己产业的收利,目前图书馆、实验室等须先从小规模做起。

备也。其科则如农林科或农科。厦大迫于地势，当然就地不能办此科。若我大陆之集美，平田虽乏，若作试验场，就同安辖内，要千百亩之地，无难立置。

1923年1月27日致叶渊函

教育与实业似有连带之关系，无实业则教育费从何来？无教育实业人才从何出？有教育而无实业以附之，故近来有造成高等游民之讥，良有以也。

1923年2月23日致叶渊函

盖近世界未有无教育而能立国于安治，而吾国人亦多知此，第属皮毛而未从根本解决。如少数之办小学或至中学，便曰有此教育，后生自可他日措国家于法治，不自觉法治之根本非在中小学校也。以弟鄙意，端赖正规专门大学，舍是虽再后二十年、三十年，就四五六十年，何法治之可望哉！今日国政纷如乱丝，社会多尚虚华，何时发完备之根本学校，学生年增千众？若得如此，则再后十余年或略有法治之希望。无如茫茫无际，无期可以发现，既无根本法治之校，安有日子可望国家之进入于佳象乎！

1923年2月23日致叶渊函

愚人千虑，或有一得，神经过敏，多作妄谈。弟以为华侨资本家多一毛不拔，无大力互助厦大之希望。如有其人年肯捐出一二百万元作十年之设备，各科完善，生额数千。十年之后，年

毕生数百名；再后十年，专门生可五七千名；他大学生亦不少，布满于各省社会、议会、政界各机关。许时民权愈盛，或可以一鼓而扫除腐败政治与军阀，则我大中华民国乃有朝气上升乐观之日也。无如同志乏人，德已孤矣，唯心不死，勉作希冀，入息年年增加，三四年之后，年可供集，厦二校经费二百万元以上。十余二十年之后，冀可达我之目的。

1923年2月23日致叶渊函

厦大关系我国之前途至大，他日国家兴隆，冀居首功之位，而目下辛苦经营负此重任，别无他人，唯林校长与宗兄及弟三人耳。弟远处南洋，林君①或尚细心，若专负此责②者，宗兄务克承担，毅力勇为，可进尺而不可退寸。

1923年4月3日致陈延庭函

今日我厦大要建之屋，其地位、间格、外观有洋人帮理，弟甚赞成。若坚固及用料决当取我宗旨为第一要义，万万不可妄从留学者言，要如洋人之建法，可耐千年不畏火险诸云云。若果从之，不唯乏许大财力，且亦迁延日子，一舍之成，非数年不达。试看协和兴工迄兹三年，所成之屋几何，费项几多，成绩与外观胜我几多，便可以明白矣。

1923年4月3日致陈延庭函

---

① 林君即厦门大学的林文庆校长。
② 指厦大基建时拆迁坟冢之事。

弟意建筑厦大校舍之最重要不出三事。第一件就是地位之安排,因关于美术上之重要及将来之扩充是也。其次就是间格与光线。窃此两事,任如何绘师总不能胜我实验之教员,了无疑义。至于容生之多少及我内地之情形,有非洋人所知者。如初来之生一班,以欧美学校计约三十人,迨毕业至少可二十余人。若我国则不然,非尽学生乏毅力,亦有他项之阻碍。故初招之生一班若四十名,迨毕业未必上二十四人。此现象与终来之间格,故与洋人不同也。第三便是外观。此事亦关乎美术之作用,若有工程师定有多益。然须我能办得到者而言,若系注重美术,费多项以办理此项,实非我初创厦大之宜。唯能免花多资,粗中带雅之省便方可也。

1923 年 4 月 11 日致陈延庭函

建筑之费用务求省俭为第一要义。凡本地可取之物料,宜尽先取本地产生之物为至要。不嫌粗,不嫌陋,不求能耐数百年,不尚新发明多费之建筑法。只求间格适合,光线足用,卫生无缺,外观稍过得去。

1923 年 4 月 11 日致陈延庭函

吾侨虽富,赞助乏人,而我力又薄弱,以未来之利,认充厦大之费,逐月凑此数万元,已费许多心血,非同富商殷户,现金满库,用之不竭,可以同日而语。

1924 年 1 月 12 日致陈延庭函

抚心自问，虚誉无裨之罪小，误社会国家之罪大。弟是以不计财政之困难而未忍缩减厦大之建设，冀于三五年之内立些完备，为是故也。①

1924年2月7日致叶渊函

厦大校址，将来可以扩充至广，虽沿海山岗，坟墓如鳞及城垣炮台，多属私家与军人权势之手，总是他日必完全归入厦大，无论谁人万不能鼾睡寸土，了无疑义。故我于初办之日，再三斟酌，聘到英、美两绘师珍重计划：第一先略定路线，第二分区设科，第三建筑用舍，盖深鉴于集美当时无远虑与宏愿，贻后千悔莫及。若厦大今无异一匹新布，任我要剪作何式衣裳若干件，预有算划，庶免后悔。

1924年3月8日致陈延庭函

至诸君之来集校办学，其抱负志愿定与他校不同，莫非坚持一种救乡救国之心，及有教无类之念，改良风化之无限职责。如教会之牧师，出家之和尚，虽经千辛万苦，备受野民辱待，亦能克苦忍耐，务期其道之必行，目的之必达而后已。彼辈若不能坚持此志，则教会之盛，安有今日？和尚道行之高亦不可得也。

1925年4月2日致叶渊函

---

① 陈嘉庚不顾财政之困难，努力要在三五年内建好厦大理化实验室，充实其设备，以不负厦大之名，所以不同意集美学校叶渊校长将厦大的建设费移作集校建设之用。

弟曾参观厦城内日本人所办之小学①,各种标本甚多,大都教员亲身寻觅山海得来,于是学生亦有帮助及劳力管顾各种花木,无须依赖工人也。

1925年4月2日致叶渊函

盖弟因办集美小学始感师资之缺乏、闽南文化之消弱,故增办师范而兼他科。开办后复感师(范)、中(学)师资亦然,故继办厦大,均有所感触而来。出于心诚职责,弗自禁止,竟忘其有益与否初未之计。迨至近来中外办学之受集厦影响者,无形中亦可云不少。总是以现下之纷纷虽未敢期如何见益,或者可以保留种子以待升平之需要。又如文明重科学,科学重理化与实验,今日国中大学注意如何,毋待赘述。若厦大者,倘弟力能办到,在此三数年之内必不敢放弃,而虚冒大学之美名。其益与否当待之二十年之后再作评断也。或者大器晚成,欲速不达。他人可作悲观,独弟万万不可同作悲观耳。

1925年4月2日致叶渊函

而今首要之事,以弟鄙见,教育中确先注重培养师资为根本。若不如是,则几绝之文化维持乏术,十年之后虽政治清平,挽救之功亦缓。故本校今日之责任,第一当负责维持之义务,他项成绩不能满足社会有用之发展,莫可如何,独师资一项保留种子以待升平之需要,其功绩岂不伟哉!

1925年7月26日致叶渊函

---

① 指厦门旭瀛小学。

此间之营业,弟自来主张制造厂设有利益,只可留作扩充。在五七年内实无可用之利,留此营业为二校基金,其他如生胶厂、胶园并黄梨厂等数号,凡有入息可支大半供为校费。

1926年8月18日致叶渊函

弟自经营商业迄兹二十余年,对于经济无时有余裕,亦无时不欠债。既非殷实资本家,更非素有实业家,侨商中知之最稔,林文庆先生知之尤深。至十年来敢负此二校义务者,迫于愤慨国事及社会人格耳。

因未有充分基金,是以屡屡欲进不前,力与愿违。如民国十三年许厦大增校费,不两月便缩少。客年复许厦、集二校之额数,迄今甫将实行,乃复折减。抚心自问,愧歉交集,而尤以三图书馆停办为甚。知我者谓我心忧;不知我者,将谓我"大炮"矣。然跛者不忘履,盲者不忘视。天若不败我,进行不过迟些日子耳。

1926年8月18日致叶渊函

且世未有不爱乡而能爱国,亦绝未有中等未卒业之生而加入政党之有益。若然,则世界教育程度可以降低,专门学校可以免设,大学可以取消,高深研究与实验亦可置诸无何有之乡矣!

1926年11月5日谨告集美学校诸学生函

本校办学之宗旨,前屡为先生陈之矣。其正科原以师资为主,其他中、实①则为附属也。至重师资之原因,莫非痛闽南教育之荒废,种子之失留。若不早筹办,则一旦政治平定,政府或社会注意兴学,不免更多欠缺。不宁唯是,凡毕业生之出路亦以教育界最易得(地)位,薪水亦不薄。既可造重要之种子及可少高等之游民②,良工制器必能迎合时用,到处争售,彼此均蒙利益。此为吾人不可不虑也。

……

夫注重实业科,弟亦甚赞成,但是真正实业,如农工商有切实之规模,真是无好容易。绝非如教育家教出之毕业生,几年后便可以有造于实业也。若果即收成效,试问吾国内实业科诸卒生盈千累万干何事出来?些有皮毛者大都未经等校出身③,而千辛万苦勤俭积蓄多年而来,就是欧美实业家类亦略似。以此推之,兴实业诚无容易,高等游民真莫之怪。然凡事未亲经过,当然未能确知底细,况卒业生之矜高自大,生活不亚资本家,其忍苦耐劳又百不当一。弟是以始终未便赞成,以为可渐而不可急,欲速不达,非无理由。是以主张由(培养)师资起手,既免卒生之向隅,阻进行之效果。

1927年5月9日致叶渊函

---

① 中指集美学校的中学,实指集美学校的水产、商业、农林等学校)。

② 在当时腐败政治下的社会,现实是学生毕业即失业,失业毕业生被讥为高等游民。

③ 指一些有一定成就的实业家也大都不是毕业于同样的实业学科的学校。

盖我原主张办学以尽天职,信心诚意,实事求是。抱定此宗旨,任何天翻地覆,矢志不移,成败付之天命。

1927年5月21日致叶渊函

同美路之利权及船权,将来定为本校至大至永远之基金。

1928年9月8日致叶渊函

教育慈善诸事业,本为吾人应尽之天职,如有力者出资,无力者则从事宣传,量力行之。较有资产之家切莫待有余款时始作公益,盖金钱是流动的。譬如掘井得泉,今日抽出,明日则依然流满,用之不竭。设置之不用,则为腐泉,善于利用金钱与否,亦犹是也。

《福建会馆新委员就职典礼上的演词》,

《南洋商报》1929年3月18日

余曾于暑天时,往游各乡村,见儿童裸体成群,或游戏,或赌博,询之村人,咸谓书塾久废,学校又无力举办。余思此种情形,如不改善,十数年后,岂不变为蛮野村落者乎?此为余办学之动机也。民国七年,余因欧战机会,入息稍丰,乃创办集美师范学校,附以中学及水产学校等。然兴办后,乃觉更苦,盖中等师资尤为缺乏,故于民国十年创办厦门大学,此为余办学之经过也。

《谈闽省教育——在怡和轩演词》,

《南洋商报》1933年8月14日

吾国国运危如累卵,存亡未可预卜,然我民族赖以维系于不堕者,统一之文化耳。今日一人之文化,则他日可传千人万人之文化。昔波兰为强邻所灭而今日得以复国者,为能保存其民族之文化故也。

《谈闽省教育——在怡和轩演词》,
《南洋商报》1933年8月14日

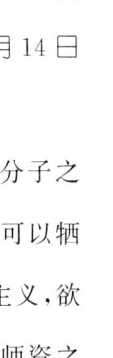

我办学之动机,盖发自民国成立后,念欲尽国民一分子之天职,以一平凡侨商,自审除多少资财外,绝无何项才能可以牺牲。而捐资一道,窃谓莫善于教育,复以平昔服膺社会主义,欲为公众服务,亦以办学为宜。更鉴于吾闽文化之衰颓、师资之缺乏、海外侨生之异化,愈以为当前急务,而具决心焉。

《畏惧失败才是可耻》,
《东方杂志》第31卷第7号,1934年4月

南洋华侨素称爱国,然对祖宗庐墓所寄之桑梓,理宜更加注意。西哲有言:"凡有诚意为公益者,必须先近后远。"查闽南富侨,在南洋未遭不景气之前,约可千家以上,若每人能在其故乡办一小学校,或数人合办一校,按年每校津贴费至多不过一千元,则闽南何患教育不普及。

《畏惧失败才是可耻》,
《东方杂志》第31卷第7号,1934年4月

适间李主席①谓鄙人为教育义务牺牲，不遗资为子孙计，此语鄙人坦白承认。鄙人所以抱此见解者，盖鉴于凡人积资不外三种用途，而视其人生观以决其趋向。一为社会牺牲，一为子孙幸福，其一则两面兼之。鄙人抱第一项主义，故对集美学校办十七年捐款四百余万元，厦大办十三年，捐款三百多万元，两条总合七百余万元，若依华人银行利息九厘计算，总计当在二千万元之上。因此款之牺牲，数年来不景气之损失，至有今日之破产。然鄙人自初时抱定牺牲之宗旨，决心不计成败，现虽赤手空拳，犹愿继续奋斗，以尽天职。

至曾先生所云厦大经济困难，恐或停闭一节，鄙人早已为厦大筹划三条办法，无论如何，决不至于停闭关门也。

《对厦大提出断语——在怡和轩演词》，

《南洋商报》1935年1月5日

你不能去，你须为厦大奋斗到死！我也愿为厦大奋斗到死！②

《愿为厦大奋斗到死——在新加坡吾庐俱乐部的演说》，

《南洋商报》1935年1月9日

说到祖国，实亦难言；说到根源，根源殊远。我人仰观政府措施，亦复漠然，不知所善。当今之世，远非科举时代可比。科

---

① 时新加坡怡和轩俱乐部主席李俊承先生。
② 这是陈嘉庚给林文庆复函中的话，林文庆60岁时，写信向陈嘉庚提出辞去厦门大学校长职务的退休请求，陈嘉庚以此言回绝，之后林文庆到新加坡为厦大募捐筹集办学经费，就在怡和轩俱乐部的欢迎会上表示："要与陈嘉庚先生共同为厦大奋斗到死。"

举时代,有可改革,记得满清末年,康梁革政,于是废科举,设学堂,如师范学校之设立,斯其一例。惟改革之始,设施欠善,以是弊端百出,实至糟糕。其始我人远处万里之外,对此原无所觉,及至民国元年,本人回国,至福州观光,时革政后五六年也,本人所至,但见腐败如昔,一塌糊涂。其时政府在福州设立第一师范学校,盖感设立学堂,须有大批优良教师之故耳。当时所收学生,概行免费,且贴饭食。时无小学毕业生,以资培植,所收者为科举时代之"童生",教授则聘用日本留学生或其他外国留学生。惟结果,弊害亦由此师范学校开其先河。盖此辈童生,骄人傲物,目空一切,视当时举人进士为尤贵。彼等既未虚怀向学,学问自谈不上。又当日政府对于此辈,并无分配服务办法,以是由其游散,殊足痛心。再言此辈童生,率为贵人显宦介绍来者,每年所收大概一二百人,惟介绍来者,率在四五百以上,是故该师范学校每年所收学生,无论为一百八十人,率以酬酢方式收录,盖所谓"做人情"也。彼等之来如此,望彼等一志向学,其可得乎?此本人在福州时,毋待刺探即可得知者也。

《我人应抱乐观,积极从事建设——在新加坡福建会馆改组六周年纪念式上的报告》,《南洋商报》1935年3月17日

厦门大学创办时,鄙人便有各科普设之计划,唯财力有限,及初办少数年间无许多合格生额可来,故鄙人于开办时,即宣布三年内自己先出百余万元作开办费,先办文科、教育科、理化科、政法科,计四科(现改为四学院),余如农工医等科,按待三年后向侨胞捐款续办,不料中间遭遇种种为难,故迄今对于农

工医三科,未能举办,其原因即在此也。

《愿为厦大奋斗到死——在新加坡吾庐俱乐部的演说》,
《南洋商报》1935年1月9日

五十年来欧美医学卫生研究之进步,至可惊叹。盖五十年前,每万人中平均每年死亡率约二百七八十人,二十年前,每万人中死亡尚二百零人,迨至近年,每万人中仅一百十余人。就本坡而言,五七年前居民较少,每星期死亡率达二百多人,近年居民更多,而每星期死亡率仅百余人,可见医学之进步,此后尚再(在)向前猛进。我国人不但死亡率多,而且身体多病弱不全,莫怪被讥诮为东方病夫之国也。

我闽邻省如广东、浙江、江苏,设有医学校十余处,学生在学者总在千人以上。而本省二千余万人口,竟无一医学校,无一医学生,岂非全世界所无者?且文明国,兽类尚有兽医,植物亦有植物医,况千万倍重要之人类乎?鄙意救乡之重要莫有甚于救活千万众之生命,而先从事于社会医学卫生之设备,未悉诸君以为何如?

《愿为厦大奋斗到死——在新加坡吾庐俱乐部的演说》,
《南洋商报》1935年1月9日

故自开办大学古训昭然,吾人讵可不引以自励?况我闽南半省三十多县,人民千余万人,全靠此厦门大学之造就人才。盖有完备之大学,然后方有好的中学及小学之希望。

《依赖外人出资兴学最为可耻——在新加坡怡和轩俱乐部演说词》,《南洋商报》1935年3月6日自厦大成立后,吾闽各中等学校,既显露其缺点,故无论公立私立中校,大都感觉不能如前之敷衍,有厦大光明之照镜,则其无形中之进步成绩,可云半由厦大成立以后互相激励而来。

《依赖外人出资兴学最为可耻——在新加坡怡和轩俱乐部演说词》,《南洋商报》1935年3月6日

去年春间,南京政府鉴于国中技术人才之缺乏,欲激励各私立大学校扩充设备等,于是教育部专派调查员,向全国各私立大学及专门学校考察成绩,分别补助款项。迨调查结果,计有三十二校,教育部规定每年助款七十二万元,除留五万元外,余六十七万元分别补助。厦大得最多数为每年九万元,可见厦大对技术科之成绩也。

《依赖外人出资兴学最为可耻——在新加坡怡和轩俱乐部演说词》,《南洋商报》1935年3月6日

兄弟对于国术,有三见解。

第一,国术和国文一样重要。国有文武,文是国文,武即国术。国文不可废,故今日以本国文字为主,外国文字为辅;国术也不可废,国术亦当取本国武术为主,外国体育为辅。

第二,国术不惟关系体育,也且关系卫身。日本除柔术之外,并取我国武术,所以对武士道极重视。现在人家正拿了我们的国术,我们却来丢了国术,这怎可以?

第三,国术可以用于消遣。消遣原极重要,青年人空闲之

余,不以国术为消遣又将何为?并且,人的好歹,决于十余岁至二十岁之间。在此期间,工作之余,既不能将之关在屋内,不以国术为消遣将何与?说到消遣,这于业已发达的外国,花样自然很多,譬如体育场、图书馆、电影戏以及新发明的播音机,说也不尽。可是上述数者,不惟我们乡间未有,即城市也未能全备。我国乡居人民较住城人民为多,如此,不与一正当消遣,又哪里行?

《提倡国术为救国根源——在新加坡怡和轩俱乐部欢宴张馆长及国术南游团的讲话》,《南洋商报》1936年1月30日

弟创办集美校,属在乡里,原无打算向人募捐款项,唯按自己力干办为限。至创办厦大者,则自初计划,便居属提倡之责,(宣言中已有言明),按自己三年内,先捐一百多万元,作开办费,许时规模略具,便可向南侨募捐现款。不图同志乏人,事与愿违,又不幸弟自十年以来在洋事业如江河日下,千余万元资产荡尽无遗,迨至昨年敝公司收盘后,对厦大经费乏力维持,不得不请求政府帮助,免至停闭关门,然后再作后图也。

1936年5月17日致福建省国民政府
及南京政府教育部部长王世杰函

至弟维持二校,自知甚是笨拙,其目的一为使华侨知重教育,一为发展闽南教育。事虽笨拙,惟笨拙愿望,亦每有一二分可以达到。民元至今,纷乱不已,惟弟有一信念,即信中国纷乱

为过渡时期之必然现象,二三十年后,国家必可发达。

二十年之前,闽南教育如何?人之所知,记得当时本坡道南学校聘请教员,闽南竟不可得,须向江浙聘请。民元弟办集美小学,闽南亦无师资足供聘任,知闽南之无师资,实缘无此种子也。因办集美中等学校,注重师资训练,以应过渡时期渡过之后国家需求。

弟办中学之时,无中等学校教员,因办大学。办大学固知力所不逮,有待侨界有力者之助,固不信其不达目的也。厦门大学与全国关系亦大。数年以前,协和大学、北京大学及其余各大学,以我国多山及海,须作林业及水产之调查,因组委员会,然无一适当地点。盖一适当地点,一须近海,二须富于物产,三须专门学校或大学之仪器设备完整者。惟其结果,则以厦门大学为最合格。故每年暑假二月,各大学均派专门人员,聚集厦大,从事研究,弟于厦大,无力使之完备,对于调查应用,恐有缺点之处,惟创设至今,已十五六年,正如十四五岁之少年,他日长成,当较有望。

《购机对国防之重要性》,

《南洋商报》1936年9月5日

盖两校如关门,自己误青年之罪少,影响社会之罪大,在商业尚可经营之际,何可遽行停止。

《南侨回忆录·个人企业追记·牺牲非孟浪》

余已决定不日在此登报招生,不收学宿费,插班生亦然,农

林生膳费亦免。并付稿往缅甸、荷属安南、暹罗等处,一律通告限八月半内到校。凡有高小校卒业文凭及一社会修函介绍,直接送交本校者,本校一概收纳之。

1937 年 6 月 14 日致陈村牧①函

兹言几年来本会馆对于海外举办之事,其经营较大者,首推教育,即办理道南、爱同、崇福三校,成绩殊有可观。

《福建会馆常年会员大会致词》,
《南洋商报》1938 年 5 月 2 日

集美学校,创办于民国二年春,初期只办小学,新生百余名,拟聘合格师范毕业教师数名,竟甚困难。查其原因,乃当时同安全县仅有简易师范毕业者三数名而已,更查闽南数十县,师资缺乏,大都类是。余鉴此可怜现象,乃往省垣,调查省立师范学校之状况,始悉开办十多年,在校学生三百余名,待遇极优,膳宿学费均免,每年新招学生数十名,乃多出私人介绍,闽南学子悋于形势,无可享受。而所收诸生,多无实际服务教育之志愿,但求一纸毕业文凭,猎得荣誉,于愿已足。

……

余认为欲提高闽南教育文化,则亟须多办私立师范学校。默念力有可能,当即使其实现。迨民国六年欧战期间,所营商业,颇有利获,于是积极筹办集美师范及各种中学,以为矫正省立师范

---

① 陈村牧,号子欣,福建金门人,1931 年 1 月厦门大学历史系毕业,1937 年 6 月至 1955 年 12 月历任集美学校校董、董事长,达十八年之久。

招生偏枯之弊。故师范生限由各县劝学所长招考,取录合格贫生数名,保送来学,免费优待,不减省校。计闽南三十余县,首次所收师范生额达一百余名,由是按年扩充,并设女子师范及幼稚师范学校。数年之间,毕业学生在乡村社会服务教育者,十居八九。嗣是而后,闽南师资既日多,出洋执教者尤日众。至于中学、水产、商业、农林各校,固亦随年而进,渐呈蓬勃之观。

《复兴集美学校募捐启事》,
《南洋商报》1939年8月5日

自抗战以来,吾闽中等学校,十停八九,加以寇机毒炸,城市残破,疮痍满目,胜利后恢复匪易。彼时桑梓青年,海外侨生,求学之众,必如山阴道上应接不暇。以集美学校之规模,若得加紧恢复旧观,当可有相当容纳,但复兴之费须百万之巨,若非乘兹汇水非常廉宜,积极下手,时机一过,恐不我待,欲行筹措,则更为难。故拟在此数月之内,集腋成裘,以成斯举。

《复兴集美学校募捐启事》,
《南洋商报》1939年8月5日

集美校舍之损失,在战事未了之前,不能算损失若干。如再战二三年,或全校破碎,抑日寇退走之时更形破碎亦未定。然我以焦土抗战,不论如何绝无痛惜,唯有胜利之后,不患无更加光荣也。

1938年11月12日致陈村牧函

且自抗战以来，此间生理日非。不但乏利，尚且月月损失，又加以助赈事，无月不有。此后校费或发生问题，余甚形忧虑也。

1939年4月25日致陈村牧函

厦大不免受敌嫉视，是在吾人意料之中。集美及余住宅，以屡遭敌机轰炸，已成一片焦土，损失之重大，自不待言。然抗战为救国图存之国策，最后胜利已确有可期。敌寇虽如何肆虐，到处滥施轰炸，实益坚吾人抗战必胜之信念耳。所以鄙人认为绝对无关紧要，务须执事本一贯扶持厦大毅力，继续奋斗到底，以作复兴民族教育文化之基础，则建国前途实利赖焉。曙光在望，幸速努力，无任翘盼。

1939年5月16日致萨本栋函

厦门大学自"七七"启衅后，已知厦门危险，准备他移，及"八一三"上海开战后，即将重要图书仪器及理化各物装妥箱内，移存鼓浪屿。及全校移往长汀，则陆续运往，尚有一部分未运去。比之他省诸大学迁移，书物有丧失殆尽者则为幸多矣。虽各器物未能完备，且战后艰于添置，然比其他诸大学可无逊色。校舍系将旧有寺庙，草率添建权用，尚幸略可维持。近处空地颇广，拟再扩充学生，及增办他科。其时学生六百余名，来学期拟添办电工科。至各科毕业生，多有出路，未毕业之前，多省已来聘定。

《南侨回忆录·厦大有进步》

集美校董陈村牧君报告,校舍无法扩充,而每学期考取合格,要入本校初中及高中生不下六七百人,仅能收纳三分之一而已,大半不免向隅。若他处有相当校舍,可将高中生移往,既可加招学生,而现校则专收初中生,亦可增收二百余名。余应承之,嘱其采探筹备,该学期学费并大田各职业校,每月须填出经常费二万余元。

《南侨回忆录·陈仪拒哀求》

先生来书,拟在国内向学生募十万元,余以现下战情苦况,各物昂贵,生计维艰,何忍向各生捐筹!况十万元须费若干时间与工作,难免扰动众生,绝非所愿。故前昨电告云:"汇中行一万元,勿向集美学生捐款。"想早收到,停止劝募矣。就现按之,胜利后余拟备三二十万元下手修理(校舍),料无难事。故国内募捐,切勿进行为要。

1940年1月28日致陈村牧函

乃在民初之间,故国河山甫行光复,念欲尽国民一分子天职,而无其他技能,唯以多少金钱,创办学校,对教育稍尽义务,此乃人群服务国家社会有所当然。其时我国风气未开,事非习见,论者□或在鼓励后来,故多以为特殊功绩。欧美人士捐资兴学,直如家常便饭耳,我愿固宏,我力未逮,太仓一粟,较之外国,未免相形见绌也。

《反对厦大改名》,

《南洋商报》1941年1月8日

余不幸前遭世界商业不景气多年，致损失颇巨，不能维持厦大，十六年间费款四百余万元，结果无条件归政府接办。既不能尽国民天职，为善不终，抱愧无地。

《南侨回忆录·参政员欢迎会》

南洋华侨福建居半数，其家乡多在厦门附近一带，自厦门失陷，闽侨无家可归，痛哭哀情不言而喻，因厦门为闽侨唯一出入门户，盼望抗战早日胜利，俾得重睹家乡。兹政府无故将厦门大学改为福建大学，或难免海外闽侨疑政府将步甲午故智，如台湾之放弃乎？此未免增加闽侨之悲痛，与抗战时筹赈及外汇之助力，难免有多少不利。

《南侨回忆录·参政员欢迎会》

厦门大学在国内各大学中，有其特殊地位，尤宜保持。盖凡研究农学，须有农事实验场，研究海洋生物，亦应有海洋生物实验所，我国为海岸线最长之国家，只以科学不兴，海权衰落，海产利益，向鲜注意。七八年前，北平各大学教师，曾组织委员会，欲在沿海各大学或专门学校中择一设立海洋生物实验所，具有三项条件方合：甲、校地临海者，乙、须海洋生物丰富者，丙、须化学仪器完备者。派员调查之结果，全国各大学中，以厦门大学为最适合，此全国惟一之海洋生物实验所，遂设在厦门大学内。

《反对厦大改名事》，

《南洋商报》1941年1月8日

余到安溪集美学校,始闻同安、海澄两县均未有初中,因政府禁设。前许多校概移往内地,为此缘故致失学者不少。余至同安便思创办一初中校。据县长言,政府前收没埔尾乡叶定胜住宅,现关闭无用,如合作中校舍可以供给。越日余即同县长及集校教师陈延庭君往视察。距同城廿余里,认为略经修改便可开课。即交代陈君负责筹备,赶应新春招生,并备文教育厅请求许可,如不许可,余回洋再与交涉,务期达到目的,盖政府之禁设学校绝无理由也。

《南侨回忆录·拟设同安初中校》

我国沿海八九省,海岸线长尽万里,海产之富,无物不有,水上交通范围极广。唯科学不讲,百业落后,海权丧失,渔利废弃。然自光复后国难虽频,民气日盛,此次抗战最后胜利必属我国,不平等条约必尽取消,利权可以挽回。然此事首需科学人才……为此之故,余于民廿八年春,在新加坡倡办水产航学校,学生三班一百余名,经费由福建会馆担任,甫办三年尚未毕业,而新加坡已失陷。希望战事不久告终,未毕业学生,可回集美或广东等校补修至毕业。

《南侨回忆录·新加坡继设水产航海学校》

南洋华侨中小学校,三千余所,男女学生三十余万人,教师一万余人,闽粤二省居多。而南洋亦未有华侨正式师范学校,所需教师概从祖国聘来。以闽粤二省现状观之,所有师校毕业生已不敷省内需求,而南洋华校,年须增加千余人,多向省内争

聘,致闽粤教师愈形缺乏。余故电请重庆教长陈立夫,在闽粤两省各创设华侨师范学校一所,闽省应设于闽南,多收闽南贫生,毕业后较可实践来洋服务,至粤省应设何处,可与粤府商酌。

《南侨回忆录·请政府办华侨师范》

南洋方面,华侨一千多万人,预计我国抗战胜利后,侨生愿受我国文化者,必更踊跃,而在地教师,久客思归者,亦必甚众,一方学生增加,一方教师减少,届时南洋恐难免有一番教员荒。华侨闽粤两省人最多,师资准备,乃国内教育当局之责。而两省政府,则绝未有策划及此,鄙意应由此间直接要求教育部,在闽粤两省,创办"国立华侨师范学校"多所,专收国内青年有志出洋任教者,或吸收南洋贫苦学生回国入学,此为南洋侨教前途最关要之事。

《谈祖国教育》,

《南洋商报》1941年1月10日

民国以来,教育勃兴,学校林立,其中如英属马来亚华侨二百三十万人,高小学校一千零所,学生十余万人,以南洋未有师范男校之设,故教师多来自国内,尤以闽粤两省为众,惟比年以来,征聘教师,已感困难,一旦祖国抗战胜利,侨胞热情奋发,侨校加设必多,又当地英校,近亦兼办中文科,聘用华人教师,自亦不少。查闽粤两省,向无侨教人才之培育,闽省自身,现日大起"教师荒",将来海外教师,如以祖国复兴,故乡安定,相率归去,则各地侨校师资,必更形成供不应求之象。为未雨绸缪计,应请求政府特在闽粤两省创设国立华侨师范学校,培育有志侨教青年,以为华侨教育之用。

《关于在闽粤创设师范学校提案》,
《南洋商报》1941 年 2 月 1 日

二月间余因教育部不肯在闽粤省内开办师范学校,故拟在新加坡倡办南洋华侨师范校。适李君光前自前年购一座昔时富侨巨宅,价五万余元,拟作校舍,经工程师绘图,英提学司批准,但未决办何学校,故未动工修改。余乃请其捐献,复捐修理费五万元,共一十万元。又向陈贵贱、李俊承、陈延谦、陈六使、曾江水各认二万元,余认一万元,共二十一万元。……以在殖民地办学,教育侨民子弟,使之勿忘祖国,校费且完全由侨民自筹,而中央教育部竟来干涉,此无他,大都为党化故也。

《南侨回忆录·教部阻设南洋师范》

盖一国兴衰,胥视国民教育为转移,而国民教育程度之提高,则胥系教师之培养也。历史上,国家赖良好教师以保存,民族赖良好教师以复兴,不乏先例。普法战争,德国战胜法国,归功于小学教师;日俄战争,日本战胜俄国,亦归功于小学教师。

……

吾国师范教育,始于清季,追维往昔,成功者少,失败者多,有心人每为浩叹。抗战后,政府为求改进起见,特再订定方案,全国各省依地方交通、人口、经济、文化等情形,划分若干规范区,积极办理师范学校及简易师范学校或简易师范科,将来效

果，必有可观，而免蹈前覆辙，独福建最为落后。

《筹办南洋华侨师范学校缘起》，
《南洋商报》1941年3月21日

师范学校乃专门教育，教员要聘有相当学识与经验者，学科要分门训练，图书仪器化学要充分准备，学生要招收贫寒而有才之子弟，应加以优待，由此种种，故其规模必大，经费必巨，而筹款必多，方足以措置裕如。

国内教育方面，既多使人失望，海外侨胞关怀教育，当然不忍坐视，凡可设法补救者，应当披发缨冠以赴之，故在新加坡创立大规模完备之专门师范学校一事，似不容缓举矣。南洋侨胞一千一百万人，每年须用教师当数千人，国内教师既如是枯竭，海外学校尤正在蓬勃生长，若不及早设法，一旦急用，必无所措。

《为创办南洋师范学校致各帮侨领书》，
《南洋商报》1941年3月28日

我实行共产二字，已更早于苏联共产党执政之前。我自民国初元，已准备将财产捐出创办集美、厦大两校矣。

《祖国时局——答询上海记者团》，
《民声报》1947年10月1日

义成公司本年之命运，尚未有实在把握，或者加三四个月便知大概。若能顺利（序），新债还了，自己有相当资本，年尾以后就可还站前六使君之巨款，作半年或一年陆续交还。他之营业如顺利,则拟还之款,或可全数充为集校建设费。

1948年2月15日致陈村牧函

恶势力寿命不久,新民主实现后,必首重教育,不患无机会可以扩大。

1948年3月4日致陈村牧函

中共政府对教育之注意,在贫地之西北已经下了决心,余《南侨回忆录》已有详载。新政府成立后,必更积极,毋须疑虑。本校地点为南洋侨生回国求学最适宜之区域。不但交通便利,离开市场,而气候寒暑不至严酷,且现下有此规模,故拟请新政府为大量扩充。一方面如何增设何科,以适合南洋之需要;一方面如何发展职工业校之造就。

1949年2月16日致陈村牧函

教育方面,我有些钱,我当尽瘁终身。先生有廉洁忠诚,服务教育道德,亦当一生固定立场。

1950年3月21日致陈村牧函

吾国人口,居世界第一位,沿岸领海,环抱万里,不让任何大国,乃所有船舶之数,尚不足与最少船舶之国比拟,甚至世界数十国航业注册,我国竟无资格参加,其耻辱为何如。故今后我国欲振兴航业,巩固海权,一洗久积之国耻,沿海诸省应负奋起直追之责。

然欲兴航业，必须培育多数之航业人才。返观国内中等学校虽多，而航业学校则绝少。学生就习此业者，恐尚不满千人。其所以致此之由，前则误于满清政府之腐化无能，后则误于国民党政权之反动卖国。自我人民政府成立，各地解放，不及两年，一切更张，百废并举，政务清明，人争廉洁，土改之公平，财经之安定，农工之生产日增，轮辙之交通日广，实为有史所仅见。

吾人正当取法他山，策励猛晋，乘此海事技术人员尚未充分就业之际，积极教育青年，培成航海专才，以备全面解放后成为收回海权之生力军。

《为扩充集美水产商船专科暨水航高级职校学额，培植多数海事人才告中等学校同学书》，1950年4月25日

几年来我们对航海、水产和财经学校，未见增加，反有减少。现在农业合作化飞快发展，迫切需要会计人才。至航海、水产方面，以我国领海之广，海岸之长，渔场之多，需要足够人才来发展海洋事业。因此我希望有关部门对培养此项技术人才加以注意。

《在中国人民政治协商会议第二届全国委员会第二次全体会议上的发言》，《人民日报》1956年2月11日

现本校最要者，就是航海、水产、财经轻工业，三职业校关系本地华侨等贫生职业，并该种校唯本省独有者。而国家需用时间将日近矣。拟人待会后与三部长一定，此后三年计划，每

年加新生若干人。

1958年3月27日致陈村牧、陈朱明、陈浴沂函

我去冬来京,访北京华侨中等补习学校,据云其建筑费每平方公尺一百二十左右元,若闽南厦门大学、集美学校,此四年来建成校舍数十座,面积十余万平方公尺,每公尺平均三十四五元,工资物价与京相差不多,言坚固美观似不逊色,如包括体育场(每学生平均面积五平方公尺)、下水道、水井、道路、电火等每平方公尺才四十元,惟无暖气及自来水管设备。其绘图及管理费约占百元之五元左右。闻厦门市有一建筑公司需百元之二十余元,此间亦需二十左右元,如果属实,乃建筑浪费之一也。

《在第一届全国人民代表大会第二次会议上的发言》,
《人民日报》1955年7月26日

第三篇

坚持抗战　民族复兴

今日国难愈深，民气愈盛，宁为玉碎，不为瓦全，继续抗战，终必胜利。

今抗战建国兼筹并顾，自力更生，自强不息，则最后胜利之日，即民族复兴富强之时矣。

华侨应如何竭诚努力,以尽职责,大可以救祖国之危亡,次可以减将士之死伤。

《南侨回忆录·弁言》

民国十七年夏,蒋委员长将兵北伐,日本恐其成功,借保护日侨为名,派兵入济南,阻挠北伐军,并惨杀外交官蔡公时及许多民众,占据济南城。新加坡发起筹赈会召集全侨大会,名为"山东惨祸筹赈会",举余为主席。两三个月间筹捐国币一百三十余万元,概汇交南京财政部施赈。自筹赈会成立后,新加坡树胶公会议决,每担抽一角交筹赈会助赈,每星期汇交一次。

《南侨回忆录·济案筹赈会》

查山东不幸,客岁惨遭天灾,难民数百万人,无食无衣,苦惨万状,不可言喻。虽远邻如美国尚筹款一千万元,以资赈济。古人之所谓救灾恤邻,原属慈善性质,不分畛域,一视同仁。换言之,即全世界人类所应尽之义务。顾日本虽与我国毗邻,且属同文同种,而从未闻其捐助一文钱,救济一粒米,所谓救灾恤邻之义何在?乃今日更进一步,侵略我主权,惨杀我同胞,无异乘危抢劫,落井下石。其野心凶暴,险恶蛮横,实全世界所未有。今我国势虽弱,然人心未死,公理犹存,必筹相当之对待。

《公理犹存,国耻定雪——在筹赈山东惨祸全侨大会上的演讲》,《南洋商报》1928年5月18日

然抵制发生之原因①，每次皆由日本政府启衅，欺凌中国，野心贪鹜，得寸进尺，远如二十一条件，几于将整个中国吞灭无遗，近如侵占山东，阻挠统一，辱杀外交官，甚至吊缚成群，割鼻削耳，侮辱万状，酷虐半日之后，始复枪毙。此种蛮横残忍，人道绝灭，为全世界所无，我国民痛国弱力微，不能以黑弹白刃与强横抗，不得已出于经济绝交之下策，此非为国民应尽之天职，亦为人类良心所应有之主张。

……

须知中国与日本通商，若以平等相待遇，则诚彼此利益，当然欣迎，若如以前之口蜜腹剑，假投资为侵略，则我中国人当绝端以与日本脱离为万幸也。

……

世界之大战后，欧美各国因鉴于强横之必败，天道之循环，故抑强扶弱，力谋世界和平，此虽人道所应尔，亦天理之当然。况我民族自觉，已一日千里，如不平等条约破除，关税自主，不出二十年，所有外国债项，无难一扫而清之，何况日本一国所投有数之资哉？而日本政府贪顽如昔，既扰山东之安全，复阻东三省内附，狡谋暴力，百出不穷，抑知今者政策已败，万国窃笑，苟及今而尚不知悔祸，是真东亚将来之大不幸矣，夫复何言！

《驳日本三井洋行董事在新加坡马来西报投稿关于中国人抵制日本事》，《南洋商报》1928年12月3日

---

① 抵制：指华人抵制日货运动。

日兵未退,先许言和,让步已极。乃日本无厌反覆,损失不赔,事关国体,万万不可迁就。况民气初盛,抵制正剧,乘兹国货振兴,愈迟愈效,利害关头,欲速不达,务希毅力坚持,铭感不尽。

《为日本突然毁弃济南惨案解决条款致中国外长电》,《南洋商报》1929年2月11日

民二十年"九一八事变",日本侵占东四省,余在新加坡召开侨民大会,通过发电欧洲日内瓦国际联盟会及美国总统请履行各种条约,维持世界和平,否则导火线自此发生,将造成将来世界纷乱。余明知开会发电虽无丝毫效力,然祖国遭此侵暴,海外侨民不宜塞耳无闻,自应唤醒侨民鼓动志气,激励爱国,冀可收效于将来。

《南侨回忆录·"九一八"与南洋之抵制日货》

民廿五年西南将异动之前,陈济棠派某财政厅长林某,来南洋探访侨情意向。新加坡总商会特开欢迎会,会长谄媚演说,称广州政府为父母官长,该代表满意回报。秋间发动叛变,余乃联络各界假总商会开侨民大会,表决趋向,结果大多数反对异动,拥护南京中央政府。于是余乃以大会主席名义,发电劝广州陈济棠、广西李白黄以"外侮日迫,万万不可内讧"等语。陈复电辩论,余复去电责以"司马昭之心路人皆知"。

《南侨回忆录·反对西南异动》

八月十五日侨民大会开会,举余为大会临时主席,余即将昨日华民政务司佐顿君所示四条宣布,言我侨如要筹款有成绩,当注意遵守。即通过本会名称曰"马来亚新加坡华侨筹赈祖国伤兵难民大会委员会",简称"新加坡筹赈会"……议决后余即宣布:"今日大会目的专在筹款,而筹款要在多量及持久。新加坡为全马或南洋华侨视线所注,责任非轻。然要希望好成绩,必须有人首捐巨款提倡,此为进行程序所必然。昨经叶玉堆先生自动认义捐国币十万元(时坡币五一五由国币一百元),余则承认常月捐至战事终止,每月国币两千元。"

《南侨回忆录·新加坡筹赈会成立》

派学生留学日寇,此举一闻之国人,本校将何以自解?而该生等热心向往。呜呼!人格如斯,可胜痛哉。日贼亡我之野心至为明显,东三省万无退还之理势,列强决无坐视之狼狈,至迟调查团回去后,自有相当之解决,许时千钧一发,其牵连重大至于何极,实意中事。弟愚决认我国与暴日实势不两立,必有一日分裂解决,祸在目前,将至于胡底,谁人能知?或甚至于引致世界大战亦未可料。然此虽个人之见解,总是际此暴寇更甚不共戴天之仇,而以模范全省之学校,竟行此凉血之举动,岂不痛哉!

1932年7月16日致叶渊函

世界是否仍须尊重公理与道德?世界人类,无论时之古今,地之欧亚,种之黄白,其于维系世界之和平,巩固人群之生活,盖有一共同之轨物焉。此轨物也:历千万年而不变,经全地球而弗殊，在思想上则曰信仰。信仰者何？曰天理，或真理，或公理。在行为上则为遵守；遵守者何？曰道德，或信义，或法律。名词虽异，而纳于理道之轨物则一也。

……

君亦知盗者劫掠财宝，享乐一时，而罪刑之终必加身乎？究竟世界列强，此后是否专借科学与武力，抑仍须兼重公理与道德，此吾人所当加以深切探讨者。姑引述近事以比论之：

主使韩人，惨杀华侨，冀以引起报复，遂其奸谋，凶恶野蛮，无与伦比！此一事也。

九一八夜，诬毁铁路，袭占邻国，不宣而战，狡言自卫，野心无厌，甚于盗贼，此又一事也。

一·二八夜，焚毁我闸北，图占我上海，虽奸谋未逞，而暴行更彰，此又一事也。

威胁溥仪，资为傀儡，强造伪国，欺人欺天，狡诈无耻，至斯而极，此又一事也。

九国条约，国联盟约，非战公约，安危牵动寰宇，祸福关系人群，何等重大？而乃敢冒不韪，甘为罪魁，违盟背信，毁法乱纪，此又一事也。

太平洋旧德领群岛，受国联委治，竟私营军备，据为己有，侈谈生命线，积极备战争，视欧美列强为无物。贪狼兽性，愈演愈烈，此又一事也。

综上六者，穷凶极暴，绝理灭伦，罪迹显然，举世咸知。任何古今中外占人土地、灭人国家之野心侵略者，亦无如此狂悖凶悍。孟子曰："率兽食人，人将相食。"如果全恃科学与武力，

便得征服一切,则此世界当只率兽食人而已,返于太古穴居野处茹毛饮血已耳,又何进化之足言耶?彼迷梦科学杀人之万能者,终能免公理正义之裁判乎?吾不信也!姑悬吾言,以待最后之事证何如?

《答客辩》,《集美周刊》第14卷第3期,1933年10月30日

此次抗战救亡为有史以来最严重之国难,国民须尽量出钱出力。海外华侨只负出钱一项而已,若不作义捐而贪取公债,出钱之义何在,且何以对祖国同胞?

《南侨回忆录·马来亚筹赈会议》

"七七"抗战后,菲律宾李君清泉来函,言:"南洋华侨应在香港或新加坡,组一筹赈总机关,领导募款。"余复函谓:"新加坡乏相当之人,请转商香港较妥。"越后又接荷印吧城庄君西言来函,嘱余在新加坡组南侨总会,所言目的与李君同样,余辞以乏相当才望,不敢接受。越年(民廿七年)夏末,忽由新加坡总领馆转来重庆孔行政院长电,云:"吧城庄西言先生建议,应由君在新加坡组筹赈总机关,领导各属华侨筹款。本院已委外部,电知南洋各领馆,通知各属侨领,派代表到新加坡开会,希筹备一切。"余以国府命令当然接受。

《南侨回忆录·筹备南侨总会》

敌自一九〇五年战胜俄后,跃为一等国,欧洲大战又假以造成富强之机会,于是黩武穷兵,蓄志侵略,积极谋我,垂数十

年。"七七"变起，敌图以迅雷不及掩耳之手段夺我华北，我最高领袖蒋委员长鉴于最后关头已至，毅然发动全国长期抗战，一年余来，愈战而我之人力愈强，愈战而我之物力愈充。最后胜利属我，已为理势所必至，列帮所共许矣，然最后胜利云云，究非时间所能幸致。而宜以长期抗战争取之，此欧美军事专家所以有"时间为日本之敌，中国之友"之论也，是则今后敌我兵连祸结，历三年五载而不休，或亦意料中事，而欲支持我之长期抗战，并保证最后胜利之属我，则军事上之机械部队，尤当加紧整顿。国防建设，尤当充分完成，凡此种种，皆有待于后方国民之协助，华侨安居海外，独免流离转徙之苦，天职所在，更宜感愤惕厉，黾勉有加，使输款益臻普及，而无复见不出钱之人，此我南洋各属侨胞不能不集会研究者二。

《南侨回忆录·附录二：南洋各属华侨筹赈祖国难民会代表大会通启》

奠建国之基于风雨飘摇之日，启复兴之运于河山破碎之时，操心弥苦而抱志弥坚，努力愈大而收功愈著，将来寇氛一扫，转贫弱为富强，特俯仰问事耳，吾侨爱国，素不后人，则于建国复兴之大业，何可袖手旁观，而不速图自效耶？

《南侨回忆录·附录二：南洋各属华侨筹赈祖国难民会代表大会通启》

兄弟认为组织领导机关，确属必要，因为世界上任何事业，若有组织，能合作，当然有益无损，若无组织，不能合作，则散沙

之弊,实所难免。……

悲观畏缩,见义不为,如富人有钱不出,减少抗战经济力量,于祖国为不忠。

……

凡事无论大小,必须先审利害,以为进退,如害多利少,当然不可干,如利害参半,则放弃亦可,如明明利大而害小,甚至有利无害,乃欲借故反对,意气用事,在国家无事时,尚且不宜,况今日何日,今事何事,稍能爱国者,何忍出此,致蹈反政府之命令可乎?

《南侨回忆录·附录三:大会开幕主席陈嘉庚先生致词》

方此敌我两方弩张剑拔,地方协定,固足和缓一时,惟兵临城下,权宜每非永远,而况外交情态,波谲支诡,一着之间,难定向背,则一朝大战不能避免,掀动非等寻常,无情炮火之下,灾祸之烈,匪夷所思,战争延续,尤应甚久。是以筹谋振救,必须具健全妥善之机构,处置尤当力谋其适宜。

《发表救灾谈话》,

《南洋商报》1937年7月24日

战争将延长至若干时日不可知,总之,战争延长之一日,则游艺筹款会必将继续举行于一日,必无中止。夫筹款为我侨之责任,在战争期中,既不能中止筹款,亦势无中止游艺筹款会之举行,游艺筹款会之不能中止举行,犹如战争之不能中止开火,试问战争可以一日中止开火乎?战争既不可以一日中止开火,则游艺筹款会必将继续举行,绳绳不息。

《望侨胞努力捐输——在新加坡华侨筹赈祖国难民大会委员会主办的第一次游艺筹款开幕式上的致辞》,《南洋商报》1937年10月2日

大家不必灰心,我人必可获得最后之胜利。至于出钱,俗语道,渴时一滴如甘露,今日国家危急,出一元胜似日后(后日)出一万万元,所以大家应该竭力宣传,使新加坡六百万元可以达到,马来亚二千五百万元即可达到云。

《星区应购六百万元——在星洲侨民大会上的演说》,《南洋商报》1937年10月31日

兹金门已失,敌人复扰闽南,大势集美将来亦难平安,或者星散与损失至如何程度,难可逆料。厦门久近①料亦难守。厦大校舍等等,恐难保全。然在此抗战到底,无论二校如何损失,余均不在忧虑。唯有希望最后之胜利,实全民族自由生存极大重要。国中应如何惨遭损失,亦气势之使然也。

1937年11月1日致陈村牧函

中国立国五千年,夙以和平正义昭天下,不幸邻邦日本,军阀专横,妄图吞并中国以为征服世界之准备。民国四年二十一条件之提出,十七年济南惨案之发生,特荦荦大端,世所共闻者,其他无理压迫,非法要求,擢发罄竹,难以具举。二十年"九

---

① 久近:厦门话,迟早的意思。

一八"日本更挟其坚甲利兵,攫夺中国东三省,继以占据热河。翌年"一·二八",又不惜启衅于淞沪。中国自念加入国际联盟,且为九国公约、非战公约之签字国,懔于盟国之尊严,惕于和平之神圣,不得不负重忍辱制愤抑悲,勉循外交途径,以求合理解决,而冀日本之觉悟。乃侵略者野心未戢,变本加厉,转鹰瞵为虎瞰,舍蚕食而鲸吞。去岁卢沟桥炮声,盖世界和平与国际盟约之丧钟,中华民族与人类公理生死之警号也。中国政府鉴于最后关头已至,毅然发动全面全民长期抗战,将以争取领土主权之独立完整,将以争取国家民族之平等自由,故中国之抗战,实为御侮而战,实为自卫而战,实为维护国际盟约而战,实为保障世界和平而战。

《南侨回忆录·附录四:南洋各属华侨筹赈祖国难民会代表大会宣言》

我之国土,虽涂满黄帝子孙之血,亦涂满三岛丑夷之血;惟我有无限之资源足以支持,我有无穷之人力足为后盾。忍万屈以求一伸,拼千输以博一赢,艰苦奋斗,义无反顾,否极之后,终有泰来。敌则资源有限,人力易穷,踵决肘见,百众不安,时间愈延长,危机愈逼近,墓由自掘,祸由自取,行见鼠窜而败,鱼烂而亡耳。

《南侨回忆录·附录四:南洋各属华侨筹赈祖国难民会代表大会宣言》

盖国家之大患一日不能除,则国民之大责一日不能卸;前方之炮火一日不能止,则后方之刍粟一日不能停。吾人今后宜更各尽所能，各竭所有，自策自鞭，自励自勉，踊跃慷慨，贡献于国家，使国家得借吾人血汗一洗百年之奇耻，得借吾人物力一报九世之深仇。

《南侨回忆录·附录四：南洋各属华侨筹赈祖国难民会代表大会宣言》

今欲一面抗战，一面建国，借自力之更生，谋自强之不息，则开放矿藏，推销产品，实不容缓。唯政府专力御侮，未遑兼顾，海外侨胞，应速分负其责。南洋华侨筹赈祖国难民总会之设立，于此亦将加以注意，务使祖国产品深为侨胞所认识，永为侨胞所乐用，以振我工商业，而厚我经济力。更拟组织公司，开发祖国富源，维持难民生计。凡此加强战时经济机构，奠定战后复兴基础，皆属至急之要图，为我国内外同胞所当尽心尽力以求之者。

《南侨回忆录·附录四：南洋各属华侨筹赈祖国难民会代表大会宣言》

惟精诚始足以言团结，惟团结始足以言力量。精诚充，则团结未有不固；团结固，则力量未有不宏。愿我八百万同胞自今日起，充大精诚，固大团结，宏大力量，以为我政府后盾，则抗战断无不胜，建国断无不成。

《南侨回忆录·附录四：南洋各属华侨筹赈祖国难民会代表大会宣言》

暴敌扰粤，广州告陷。在时间上，可谓意外；在情势上，实在意中。吾侨切于爱国爱乡，难免骤受刺激，然不宜因而丧失

意志,更不可因而动摇胜利可期失地可复之信念。

《南侨回忆录·附录七:南洋华侨筹赈祖国难民总会通告第一号》

美国独立战争,初期失败,名城尽失,要地多丧,余众不过万人,卒以华盛顿之坚苦沉毅,百折不挠,长期抗战至七年之久,而博最后成功。今日我国抗战情势,持较当时美国实远胜之无不及,最后成功之希望必更容易实现,断无疑义。一时之胜败,一地之得失,岂足转移我同胞之心乎!愿相与共勉淬励,以加速民族解放之日之来临。

《南侨回忆录·附录七:南洋华侨筹赈祖国难民总会通告第一号》

查自抗战军兴,海外吾侨,对祖国战区难民之筹赈工作,风起云涌,海啸山呼,热烈情形,得未曾有,富商巨贾,既不吝金钱,小贩劳工,亦尽倾血汗。蒋委员长有言,地无分东西南北,人无分男女老幼,全面抗战,应当人人努力。海外华侨,在过去对国家民族,确已尽其最大责任,惟人事不常,时境有变,最后之胜利,必落在最后努力者之手中。百里行程,半于九十;一着之差,立败全局。故吾侨胞必须坚持不懈,无论人事如何变动,时境如何困难,要当排除瞻顾,勇往直前,出钱出力,能多固好,即少亦佳,务期普遍永久,以与祖国持久抗战,步步联系,息息相关,遥相呼应。

《南侨回忆录·附录一一:南洋华侨筹赈祖国难民总会通告第一三号》

南侨总会成立后，北平江朝宗、池尚同（前集美校长、浙人）、王大贞（泉州人）等二十一人，联名来电，告余领导南洋华侨，赞成与敌和平。余复电极诋其"卖国求荣，谄媚无耻，沐猴而冠，终必楚囚对泣，贻子孙万代臭名。日寇灭天理绝人道，奸伪欺诈，毒祸人类，为幽明所不容，列强之公敌，现虽暂时荣耀，终必惨败无地。尔辈若能及早悔悟，改过自新，尚不愧为黄帝子孙"云云。

《南侨回忆录·华北汉奸来电》

究竟欧战重启，于我有利而或有损，欲在此一问题获得正确结论，可先假定下列三项失败条件：一、国人不能团结，国情割据纷乱；二、金钱与军火均告缺匮；三、将士不能勇于应战。三者有其一，则必居于失败地位，乃无疑义。

《大可预期，抗战胜利》，

《南洋商报》1938 年 3 月 5 日

自抗战入第二期，我以坚壁清野为体，以乘间击暇为用。人心愈奋而士气愈振，地势愈利而国力愈强，于是益抵抗向背，反守为攻，遂有连日之捷。敌盖踬决肘见，如落汤之蟹，触藩之羊，手足慌忙，进退维谷矣。

然彼虽呈辙乱旗靡之象，犹未届土崩瓦解之期，欲歼余丑，克奏肤功，实有待于我举国上下之继续努力也。

《马来亚新加坡华侨筹备赈祖国难民大会委员会扩大推行常月捐宣言》，《南洋商报》1938 年 5 月 3 日

我不自强,而望人助,我不自强之不息,而望人助之不懈,得非求龟生毛求兔生角耶?自强之道维何?于抗战之时言之,即有钱继续出钱,有力继续出力是已。然则我海外华侨今日欲更有所贡献于国家,舍扩大推行常月捐外,尚有他耶?

《马来亚新加坡华侨筹赈祖国难民大会委员会扩大推行常月捐宣言》,《南洋商报》1938年5月3日

敌寇进犯厦门,原乃我人意料中事,此番入寇,无非乘机扰乱而已。盖自我国抗敌转入第二阶段以还,敌在津浦各线节节惨败,由于我军奋勇剿击,尤使敌寇倍增幻灭与仓皇之感。而倭国民众以敌军师出无名,败讯频传,怨声怒潮,当益高涨。敌军处此情形之下,为苟延残喘计,乃择此较易进犯之厦市,为扰乱之对象,冀以挽回民心,报复前线之失利。

《厦门战事加紧,陈嘉庚发表讲话》,
《南洋商报》1938年5月13日

月来,华北华中敌人不利,外失国际地位,内失国民同情,乃欺我闽海易侵,入寇肆扰,冀以华南小胜,眩惑国际视听,骗取国民同情,而苟延其喘息。实则闽边一时得失,绝无影响整个战局。惟被扰区域,难民众多,筹款救济,贵在海外同侨。马来亚闽侨不下百万人,今桑梓遇祸,自不容袖手。

《致马来亚各埠福建会馆征求联合筹赈书》,
《南洋商报》1938年5月20日

抗战以来，前线战士挥戈浴血，奋不顾身，提高我国军人地位，博取世界列邦同情。即法西斯主义国家，在独裁者权威之下，其民众亦深表敬佩，而知侵略者终必失败也。海外侨胞，富于资财，据专家估计，至少在五十万万元左右，平昔对祖国公益善举，亦皆负大责，尽大力，享大名。今敌势如此猖獗，国难如此严重，我侨胞宜更若何警惕自励，一德一心，以尽国民之天职，而报最高领袖之殷望耶。

《马来亚各区华侨筹赈祖国难民联合通讯处第二十五号通告》，《南洋商报》1938年6月15日

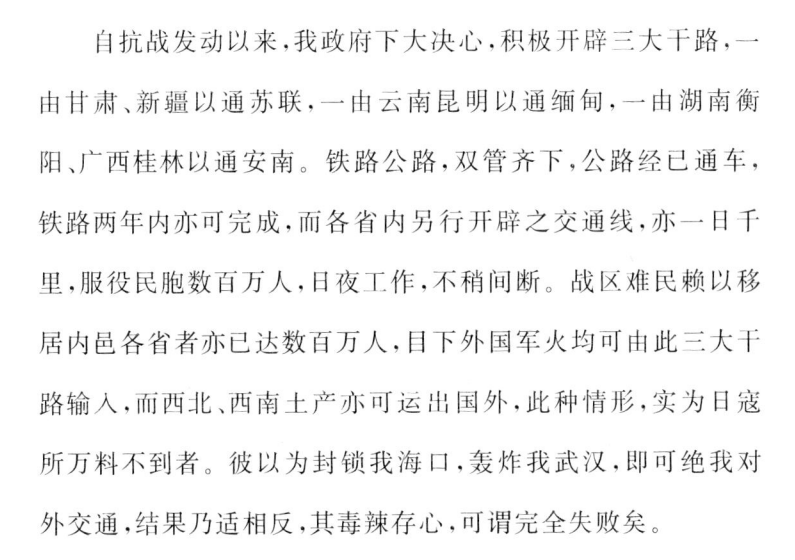

自抗战发动以来，我政府下大决心，积极开辟三大干路，一由甘肃、新疆以通苏联，一由云南昆明以通缅甸，一由湖南衡阳、广西桂林以通安南。铁路公路，双管齐下，公路经已通车，铁路两年内亦可完成，而各省内另行开辟之交通线，亦一日千里，服役民胞数百万人，日夜工作，不稍间断。战区难民赖以移居内邑各省者亦已达数百万人，目下外国军火均可由此三大干路输入，而西北、西南土产亦可运出国外，此种情形，实为日寇所万料不到者。彼以为封锁我海口，轰炸我武汉，即可绝我对外交通，结果乃适相反，其毒辣存心，可谓完全失败矣。

……

对于祖国抗战应负责任有明暗两种工作：明之一面，即组织筹赈会、公债劝募分会，推举若干委员，负责筹款及劝募公债；暗之一面，即组织爱国团，惩戒汉奸，抵抗仇货。然明暗两种工作，必须分开办理，各守职责，若不明此义，相推相混，小则

阻碍筹款，减弱抵制仇货力量，大则干犯居留政府法律，致筹赈工作被禁止，爱国分子被驱逐。此种不幸事件，外埠已屡有发生，故凡真诚爱国者，必临事审慎，不轻举妄动、浮躁叫嚣，而贻误大局也。

《电汉口秘书处请蒋总裁领导抗战到底》

目下，在我国内的同胞，不仅出钱，还要出力，吾侨既远居海外，既免出力即更当出钱，而出钱之道，即当月月极力捐输，为祖国长期抗战后援，使军火能源源接济，而无告缺之虞，方能守最后之胜利。

《日本之凶恶惨毒，鬼神有知当共愤》，
《南洋商报》1938年8月4日

即以日本之凶恶惨毒，鬼神有知，亦当共愤。若说移此普渡敬鬼之资，转而助我政府购买军火，抗战日本强盗，则鬼神定必十分赞成。况所敬之鬼，皆属我先辈华侨，鬼如有知，必同情我祖国之惨痛，而喜慰拥护我出钱出力之爱国侨胞，了无疑义。

《日本之凶恶惨毒，鬼神有知当共愤》，
《南洋商报》1938年8月4日

自卢沟桥战事发生，我南洋八百万侨胞，奔走筹款，不遗余力，而时至今日，义捐公债成绩，合计不过国币六千余万元，平均每人负担七八元而已，视敌国国民"七七"一日献金四千余万元，相去霄壤，能不惭愧。以吾侨财力与敌国侨较，盖有过之无不及,而国家遭遇之痛苦,又十百倍之,乃物质上为助于祖国抗战者若是其微,则中间显有许多亟待改进之缺点,此我南洋各属侨胞不能不集会研究者一。

《关于召开各属华侨领袖大会的意见》,
《南洋商报》1938年8月25日

一、战争之胜败,不外两要素:一曰金钱,二曰人力是也。金钱吾人若肯尽量捐输,我每人出一元,日本每人当出七元,故彼不能持久,若论人力,我则加日本七倍之多。

二、敌国至多能出兵三百万人,现已出一百五十万,除去死伤五十万人,现留在我国约一百万人,而目下每天死伤亦要千余二千人,每月至少五万人,一年则须死伤六七十万人,不及三年后,他们能战的士兵,可以死尽矣。

三、我国之士兵至少可以出二千余万人,设每年死伤一百万人,按此大战四年,至多四百万人,尚余千外万之多,所以战争持久,再加二三年,日本必大败矣。

《抗战必胜,望侨胞出钱、出力、抵制日货》,
《南洋商报》1938年9月7日

抗战以来,十六阅月,敌于华北尚不能占一全省,况华中、华南、华西之区域较华北广大数十倍,而能尽为吞没乎?稍有常识之人,当能明白此理,而了然于泥脚之敌终不能久立矣。

《南侨回忆录·附录七:南洋华侨筹赈祖国难民总会通告第一号》

敌占我东四省,已阅七年,费款卅万万元,死亡士兵十余万众,至今仍时时受我义勇军攻击,不得安居乐业。我东四省人口不过我全国国民十分之一,自沦丧以后,无我政府机关为之领导,军械又甚缺乏,财务又甚枯竭,而民心依然未死,民气依然甚盛,相率振臂揭竿,且冒万险以与强仇抵抗,使其损失与时俱增,而无法解免。今我战区各省,人民众多,组织周密,供给领导,日臻完善,抵抗力量视东四省加十余倍,岂容入寇之敌一日安寝食耶?

我国地势,河北、山东诸省多平原,乏高山深谷可以藏守,尚能遍组游击队,到处活跃。其余诸省,高山深谷,所在皆有,尽为游击队绝佳战地,进可以击敌,退可以保身。敌之机械部队,更何所施其技,长此与敌周旋,终以使敌消耗巨大,而趋枯竭也。

我国地大物博人众,居世界第一位,特科学未昌明,实业未发达,故宝藏于地,不能富强,今抗战建国兼等并顾,自力更生,自强不息,则最后胜利之日,即民族复兴富强之时矣。

《南侨回忆录·附录七:南洋华侨筹赈祖国难民总会通告第一号》

自南京失守后,余屡风闻汪精卫主张与敌和平妥协,然不信有是事,盖日本野心欲吞灭我国,虽孩童亦晓然明白,前既侵占东四省,今又侵略华北,如与言和则华北数省复失,不数年华中、华南相继丧尽,是亡国灭族大祸,若非奸贼,安肯出此?……适参政会第二届将开会,余即拍电参政会提案:"敌人未退出我国以前,公务员谈和平便是汉奸国贼。"并电王秘书提向参政员赞同签押(例须有二十人赞同方成提案)。后接友人来函,褚辅成君首赞成签押,不多时例额已签足,于是成案,付诸参政员讨论,时汪精卫任主席,形容惨变,坐立不安。……迨汪逃至安南,余即电中央政府宣布汪卖国罪状,请革职通缉。否则,必逃往南京任敌傀儡。然政府尚徇党情不纳。其后经八九个月,汪由香港而日本,始下令革职通缉,已太迟矣。

《南侨回忆录·提案攻汪贼》

当前年汪精卫对路透社记者谈起和平之消息传到,余即电询是否事实,谓其不致有此错误。而汪复电承认系事实,且言主张绝对不错。余复发去长电驳斥警告,并劝其猛省觉悟。汪复回一长电,言渠决不错,非和平不能救国,嘱余劝告华侨切表同情。计来往数电,均即发交各日报登载。余至此已知汪贼无挽回可能,复拟第三电予以警戒,痛骂其为卖国求荣之奸贼秦桧,将贻万代臭名。

《南侨回忆录·高总领事罪恶》

为通告事,汪贼精卫,妒忌成性,反复无常,只知一己之权欲,不惜民族之牺牲,叛国事仇,罪大恶极,千秋万世,莫可洗雪。

《南侨回忆录·附录九:南洋华侨筹赈祖国难民总会通告第二一号》

当汪"议长"高声朗诵"敌未出国土前,言和即汉奸"时,面

色突变苍白,在倾听激烈辩论时,神气非常的不安,其所受刺激深矣。

《南侨回忆录·附录一○:邹韬奋君〈抗战以来〉书中一段》

今日国难愈深,民气愈盛,宁为玉碎,不为瓦全,继续抗战,终必胜利,中途妥协,实等自杀。孰利孰害,彰彰明甚。若言和平,试问谁肯服从?势必各省分裂,无法统摄,不特和平莫得实现,而外侮内乱,将更不堪设想,坐享渔利,唯有敌人。呜呼!秦桧阴谋,张昭降计,岂不各有理由,其如事实何哉!

《再忠告汪精卫》,《南洋商报》1938年10月27日

汪先生谬谈和平,公必不被误。万乞坚决实践庐山宣言,贯彻焦土全面长期抗战三大策略,宁为玉碎,不为瓦全,以博最后胜利。国内外同胞,咸抱此旨,拥护我公,若中途妥协,即等自杀。秦桧、张昭,无世不有,幸公明察之。

《促实践庐山宣告——致蒋介石电》,

《南洋商报》1938年10月28日

日寇前在香港不惜巨资利用汉奸宣传,甚行活动。自广州失陷后,视线移至本坡,前闻每月资助汉奸及宣传费,由二千元增至二万元,现已由二万元增至十万元。每星期印发中西文宣传品至数十万张之多,分寄全马各区而收买汉奸已至数百人,且将妄图收买文化界及文化机关服务之人。日寇活动手腕,可谓无孔不入,其目的则全在阻碍吾侨之筹赈,及摧毁抵货之运

动。凡我南洋各处侨胞,于此宜倍加注意而慎防之也。

《在欢迎武汉合唱团会上的讲话》,

《南洋商报》1938年12月19日

汪精卫甘冒不韪,公然赞同日寇亡国条件。稽其行迹,不仅为总理之叛徒,抑且为中华民国之国贼,我公庐山宣言,抗战到底,全国拥护,已成抗日铁案,中途妥协,等于灭亡。汪固深知此义,最近参政会决议,公务员中途言和,即为汉奸国贼,汪身居议长,岂竟充耳弗闻,乃敢弃职离都,背党叛国,殆谓南京傀儡,已首席高悬,非彼莫属耶?此而不诛,何以励众,更何以根绝效尤?敬乞我公宣布其罪,通缉归案,以正国法,而定人心。八百万华侨,拥护抗战到底。

1938年12月31日请通缉汪归案致蒋介石电

马来亚为东方商业要隘,华侨繁衍于斯,逾二百万人,举凡重要都邑,莫不有中华商会在焉。盖华侨经济之中心,大多操于商贾掌握之中,故而商会之设,遂成为侨众之最高领导机关。近年以还,强邻侵华,野心日亟,南进之谋,时萦梦怀。各地吾侨社会当轴,目击危机环伺,咸以维护侨益,巩固华侨海外市场,实属急不容缓,亦为间接助进国家资源之要图,因而对于扩充商会之组织与设备,盖感必要。

《建议在新加坡建筑中华大会堂》,

《南洋商报》1939年2月2日

一、诸位同胞，今日肯回国为抗战服务，鄙人甚感欣慰。诸位此行虽同是为国出力，但与国内同胞之出力，关系却不相同。盖国内同胞服役，乃由政府征召，事属必然性的；而海外则情势悬殊，政府鞭长莫及，诸位之应征，可云出于志愿为爱国而服务，事诚难能可贵，鄙人之感欣慰者以此。诸君有此志愿，更宜抱定恒心，始终如一，既可表示个人爱国，克尽天职，又可发扬吾侨出钱出力之精神，不辜负抗战后方责任。

二、峇株巴辖在马来算为小埠，吾侨仅数万人而已，而诸君竟多数能放弃在海外之职业，愿回国服务，不但利益减少，工作亦比较辛苦，然以青年有志具此牺牲精神，足为全马来亚之模范，感召所及，不但劳动界可增加出钱出力之意念，就是其他商学各界，更当有绝大之感奋，尤其是资本家看到诸君此种伟大牺牲之精神，应当多加出钱，庶可以对诸君而无愧。

三、此次我国对暴寇之抗战，虽为抵抗侵略，同时亦要建国。以大势观之，暴寇不久必败，至多不出两年，此一役之神圣抗战，实乃有史以来所未有，而建国复兴大业，亦有史以来所未有。胜利之后，各种轻重工业，必能勃兴猛进。以我国地大物博，遍地黄金，正为抗战胜利后之天然大酬品，实我民族子子孙孙之大幸福。诸君俱属青年，前程万里，若能克尽天职，忠诚奉公，以尊重人格，将来出人头地之伟大建树，定远胜于南洋作客多多，诸君其勉之。

《对回国首批司机人员致勉词》，

《南洋商报》1939年2月18日

敌寇近日侵犯我海南岛,因我国无海军可与抵抗,该岛在抗战军事上,似无多大影响,惟国际关系,则甚重大。如英、法、美诸国各殖民地地域邻近,大受威胁。敌寇企图,亦确在恫吓英、法、美以取媚德、意,而不计多方树敌,自取其灾,徒供德、意利用而已。吾人且看最近之将来,英、法、美必有其深谋良策,以制裁此国际之疯犬也。

《敌在二年内必溃败,望侨胞尽力输将》,
《南洋商报》1939年2月26日

此次尚有修机员多人,月薪有叻币百余元者亦甘放弃,回国为抗战复兴大业而奋斗,其可歌可泣、可敬可佩之精神,尤足感动天地。盖有志男儿,效命国家,此正其时,所谓英雄出于时势也,机工人数虽只一千左右,然已足为南洋华侨八百万人出力之代表,亦足为尽忠尽孝之表现。他日战事告终,对于忠诚勇义诸君,我政府论功行赏,定必有一番战胜纪念品之奖励,不特自身有建国出力之荣誉,就是世世子孙亦得永享无穷之荣誉也。

《赞机工尽忠爱国》,
《南洋商报》1939年3月9日

在此国家危急存亡之秋,凡可利于抗战,又度为我海外华侨可能做到者,不但应见义勇为,尚当精诚踊跃以赴之,庶无负国民之天职。

《对返国效劳机工的训词》,
《南洋商报》1939年3月12日

滇缅路将通车时，缺乏驶车机工，且新路多崎岖，驶车者非老，经验必多磋跌。宋君来电托代雇司机及修机工人等回国，往滇缅路并西南等省服务，除薪水外，膳宿、衣服、医药概由政府供给。南侨总会乃出通告，并致函马来亚各属会鼓励，数月之间，热诚回国者三千二百余人。经安南往昆明者居多，经仰光者三百余人。有一修机工在洋十余年，每月收入坡币二百余元，自甘牺牲，并招同伴十余人，带其全副机器前往。

《南侨回忆录·华侨司机回国》

凡两国战争必有发生之原因，前次欧战为奥国太子被刺杀，今次欧洲再战，为德国收回前次损失领土及各殖民地。至于中日战争何由发生，不但今晚到会各国人不知，即世界诸国人亦不能知，不宁唯是，虽交战国之中国人、日本人，亦莫能说出为何因由也。既无因由动手而侵占杀戮，便是盗贼行为。盖盗贼杀人放火，抢劫财产，安有因由可言。既属盗贼举动，狼心兽性，绝无限度，得陇望蜀，得寸进尺，中国可以抢杀，马来亚亦可以抢杀，缅甸、印度亦可以抢杀，而尚未波及之诸地，贪眼前微利，与世界大盗贼友好贸易，是真余所不解也。

《南侨回忆录·余启程赴仰光》

盖念祖国抗战三年，军民遭受痛苦，华侨未能参加，只有派遣机工三千余人，在各路服务而已，故应向军政界及民众致敬慰之意，此其一。抗战必需金钱，海外华侨负外汇重要责任，虽逐月比前公私增汇不少，然尚嫌不足，未尽抗战责任，故亦应派代表回国考察,冀可获悉抗战以来军政如何努力进步,民众如何同仇敌忾,各党如何团结对外,将诸良好成绩材料,带回南洋,向华侨报告宣传,使千万侨众增加爱国热心,俾私人汇款及救济义捐,月月增进,以外汇财力助祖国抗战,此为余及庄君并慰劳团回国之原因。然余久未回国,究可往若干处,能否达到,不便预告。若第八路军所在地延安,如能达到,余亦拟亲往视察,以明真相,庶不负侨胞之委托。

《南侨回忆录·自仰光飞重庆》

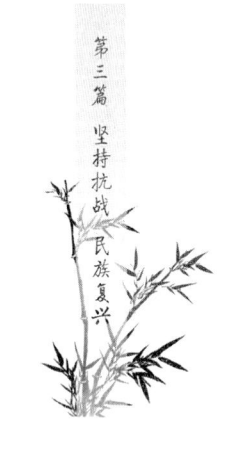

南洋华侨,自抗战以来月月义捐不断,有增无减,非完全依靠资本家,实际上如上所言,系由各处募捐会,日日动员数千百人,努力劝募而得。我国民众辛苦抗战,牺牲生命财产,而海外华侨安居乐业,略尽义务,何敢言劳?出钱出力实国民人人天职,在此救亡时代,中外同胞当然一体。……南洋华侨对于抵制日货之剧烈,与前大不相同,以前每被人讥为五分钟热度,此次则自抗战迄今三年,再接再厉,绝未有放松一步。

《南侨回忆录·各界欢迎会》

以我民族之众,土地之广,华侨之资,加以国民爱国程度日高,确信敌人不能亡我,最后胜利已无问题。兹若不幸国共两派意见日深,发生内战,海外华侨定必痛心失望,对义捐及家汇,不但不能增加,势必反形降减。余久居海外,深知华侨情况,盖各属会之成立,热诚努力者,不过侨领少数人,负责提倡,任劳任怨,鼓励千百募捐员,利用国内好现象为宣传品。若不

幸内战发生，侨领等及热心募捐员，势必垂头丧气，或者反谓为资助内战，不愿输财之人更有所借口。万望两党关系人，以救亡为前提，勿添油助火，国家幸甚，民族幸甚。

《南侨回忆录·中共欢迎会》

我国为世界最落后及最贫穷之国家，故敌准备侵略之初，仅按数月便可吞灭我全国。然抗战于今三年余，敌人不但计划失败，而最后胜利且当属我。余此次往首都及西北、河南、湖北各省，亲闻各站区司令长官、参谋长、总司令等报告，我国民气日旺，军力日强，而敌则气力均退降，故咸都抱乐观景象。虽然如此，仍要靠万众一心，耐劳耐苦。

《南侨回忆录·安危及薪俸之比较》

余在南洋自抗战后领导华侨募捐，故时常发表敌人野心罪恶，前后何止数十次。新加坡前为中立地，敌人侨居不少，知之最稔。故对余故乡虽无设防之住宅及教育机关，亦以其凶恶之海陆空强烈炮火加以破坏。

《南侨回忆录·海陆空炸击集美》

滇缅路运输，自十月十八日英国开放后，敌机时常来轰炸，闻两个大桥多被炸坏，军火减运不少，每天仅可行半日而已，余甚为忧虑。

《南侨回忆录·敌机炸两桥》

古语云："自助者天助。"故能愈战愈强，确可自慰。现下各战区，我军均居在崎岖有利地位，敌虽有机械化部队，难于施用。而我众彼寡，我虽未能反攻，而彼亦不能再进，因其后方补给线愈长愈形不利，每被我游击队截夺或消灭之，实令彼防不胜防也。我各省区域，失陷虽多，而敌可到之处，不过交通线及城市而已。如北平沦陷最早，现下敌人如要出城十里外，须有相当军队保护，否则屡为我游击队消灭，此为近间厦大新聘某教师，从北平来为余言之。

《南侨回忆录·出国首次报告抗战必胜》

对此次祖国遭遇有史以来未有之危险，为尽国民职责，理应热烈提倡，以金钱捐国，无论义捐公债，均应起而领导南侨。乃竟袖手旁观，置若罔闻。抗战后不一两月，海外华侨近则南洋远则美洲，莫不争先恐后，组织筹款会，热烈捐输以助战费及救济伤兵等项，虽杯水车薪，亦足以表示民心不死。

《南侨回忆录·香港华侨与义捐》

俾以继续主持本总会之会务，发挥我华侨赞助抗战建国之能力，更使我华侨拥护国家民族生存独立之精神，光大发扬，永持弗替。

《南侨回忆录·附录一六：南侨筹赈总会召集第一次会员大会通启》

日寇靠其军备充实，炮火锐利，野心侵略我国。自"九一

八"起,无端吞占我东北四省。前年"七七",又从卢沟桥起衅,欲灭亡我全国。初以为出兵数十万,以期数阅月便可成功,不料估量错误,迄至今日,动员数百万,历期十阅月,不但不能吞灭我国,而且其寇军反死伤七八十万,水土不服、疾病死亡者三四十万,由是兵力日形颓弱,国内商业日形衰替,民生日加困苦,反战空气弥漫全国,拘拿反战分子,亦日以十百计,其败兆可以观见。而我则愈战愈强,民心愈奋,全国统一,精诚团结;内则民间五谷丰登,外则华侨助赈踊跃。近复增加英美借款,军火来源益发充裕。此后机械化部队,每月可增添二三十万人,不须一年,扫荡敌寇,可如秋风之扫落叶也。

《敌寇战败结果之预测》,
《南洋商报》1939年3月15日

海外华侨就南洋言,人口有八百多万人,当兹祖国被侵略而抗战,如在壮健之年,而有相当能力者,均宜回国服务。

《望机工善自勉励审慎勤勉》,
《南洋商报》1939年3月27日

诸君俱系热诚志愿,效忠祖国,自动奋勇,造成华侨出钱出力之伟大事实,希望能忠诚坚毅,服从领袖,始终不渝,更须化除私见,团结一致。此役数批回国,前后不下千人,服务优良与否,诚为初步试验。尤希人人善自勉力,审慎勤奋,以作后继者之模范。

《望机工善自勉励审慎勤勉》,
《南洋商报》1939年3月27日

滇缅公路,在此二个月间,新到罗厘车二千辆,需用纯熟驶车员二千余名,修机员数百名,共三千余名。我国内除原有工作者外,急切抽调,一时无多,故必向南洋华侨征募。而南洋侨胞数量较多,而征募便利者,只在马来亚而已。故我马来亚侨胞,对我国滇缅全路修驶人员应负完全供应之责任,此可绝无丝毫犹豫者。

《在南侨总会欢送机工回国会上致词》,
《南洋商报》1939年4月5日

夫语言宣传有所尽,而文字宣传则无穷,武汉合唱团只廿八人耳,乃初到星洲,歌声一出,即轰动全南洋。今更加以歌集编行,文字传布,人人习之,人人能作武汉合唱团之歌声,人人亦愿为武汉合唱团之团员,全南洋八百万华侨口中,人人皆有此救亡歌曲在,精诚所至,山岳可摧,见出钱出力,更足惊天动地,又岂仅收功于文化教育已哉。抗战必胜,建国必成,亦将于斯焉见之。

《民族呼声·序》,《南洋商报》1939年4月8日

一百里行程,半于九十,一着之差,立败全局。故吾侨胞必须坚持不懈,无论人事如何变动,环境如何困难,要当排除瞻顾,勇往直前,出钱出力,能多固好,即少亦佳,务期普遍永久,以与祖国持久抗战,步步联系,息息相关,遥相呼应。

《南洋华侨筹赈祖国难民总会通告第十三号》,
《南洋商报》1939年4月20日

本总会窃念我国领土之广大，全面抗战，海运既被敌把持，铁路又多被破坏，而此后我国之运兵，机械化部队日多，敌之后方，复将为我变为前方，则运输交通，供应接济，端赖车辆。驶车员应取久年经验，修机更不限汽车一物。由此而观，此后驶修技术，必甚需要，源源来征，势属可能，为免临事张皇，应宜早为准备。

《南洋华侨筹赈祖国难民总会通告第十四号》，
《南洋商报》1939年4月25日

日寇已自知其必败，乃欲诱致英国出作调人，以谋妥协，又被我国拒绝，因此乃威胁天津租界，迫英离我欲以遂其独霸东亚之野心。夫英国远东利益，在天津原极微末，若因小利而不顾大局，贬削威信，背离我国，显然与日寇妥协，则不但在东亚卖友毁约，失信于我中华四万万五千万之民族，遗憾无穷，即其治下全印度数万万之民众，亦将以其助暴抑仁，有失大国风度表示不满。

《英虽如何退让亦难饱寇大欲》，
《南洋商报》1939年7月25日

马来亚如受日寇攻侵，华侨必以一致力量，协助英国，共同驱敌，此乃居留华侨之应尽义务，亦我中国人对英应具之道义精神。

《敌人进攻马来亚时华侨必助英卫马》，
《南洋商报》1939年7月27日

查我国对日抗战，直接因在于抵抗侵略，保全领土，间接亦为维护国际条约，保障世界和平，故对于英、法、荷诸国远东殖民地之安全秩序，亦有重大关系。且中英国交，久著亲善，信守条约，历来无间。在马来亚华侨，占居民半数之多，百年来爱护居留政府，开发农工商各种事业，竭力经营，蔚成南洋最繁荣之地，遵法令，慎业务，屡为坡督及友邦人士所奖誉，此诚吾人所共见共信者也。

《南洋华侨筹赈祖国难民总会通告第二十六号》，
《南洋商报》1939年10月19日

我国自抗战以来，海外侨胞，对祖国所负职任，不外是出钱、出力、抵制仇货三种。而日寇侵略我国之重要政策有二，就是军事侵略与政治侵略。战争两年余，日寇军事侵略已自知失败，无法进展，故自去年秋以来，极力转从政治方面，肆其侵略，冀可补救军事失败，另达其野心之吞并。故利用汪贼精卫，狡诈百出，对南洋侨胞，则收买汉奸，破坏筹赈，如安南华侨，已不少受其愚弄。数月来复侵入马来亚，吾侨有眼光者，当能知其手段，杜其奸计。汪贼野心卖国，蓄谋已久，南侨筹赈总会最先揭破其奸，曾电斥其为秦桧，且预料必走向南京，作敌寇傀儡。故汪贼对马来亚方面，现并不惜耗费许多金钱，用尽种种宣传方法，冀可打倒筹赈会之努力工作人员，以破坏我侨胞爱国行动。凡此种种汉奸企图，深望各分会细察原委，谨慎防范，勿坠其奸计。

《汪贼精卫收买汉奸破坏筹赈》，
《南洋商报》1939年11月5日

此次我国抗战，关系民族生死存亡，其事性之严重，实为立国数千年来所未有。我侨胞安居海外，应负后方出钱之重任，宜有相当之牺牲，此不但天职为然，即良心上亦属应该做的。

《深望资本家自动慷慨再接再厉》，
《南洋商报》1939年12月2日

鉴于抗战两年余来，前线战士，捐躯救命，浴血沙场，忠忱大义，举国同钦。海外侨胞，远处南荒，情切家邦，尤宜交相惕励，竞效精神物质，为诸抗战忠儿，共张声援。至如战区伤难，于捐资救济，共怀忧患之外，倘能躬临返国，表致慰劳之忱，于情于义，固所应宜，尤足以激励抗敌士气，益坚抗战信念。因特建议组织"各属筹赈会回国慰劳团"，借以代表全侨爱国热诚，敬向前线将士及后方难胞表致感谢，并可乘此视察各方实况，以为今后救伤纾难及资助后方建设之张本。

《关于慰劳团代表选派问题答记者问》，
《南洋商报》1939年12月10日

时至今日，欧战重演，和平无期，中日战争，何时解决，亦无人敢断。南侨筹赈总会成立年余，职责所关，不论事之治标治本，凡属筹赈救国，莫不计划周详，咨询各属会意见，以供解决。近日除发动回国慰劳团之组织外，又拟定援助药品之基本计划，其中欲设药厂于新加坡，采购制便之粉药，加以机器配合成品。

《关于南侨总会创设救伤药厂的谈话》，
《南洋商报》1939年12月15日

抗战以还,海外侨胞,莫不输诚效忠,在我最高统帅蒋委员长领导感召之下,竞以物质精神,共张声援,卫我中华,而前线士兵及诸国府当轴,或则浴血沙疆,捐躯效命,或则襄赞中枢,运筹帷幄,举国上下,交相惕励,同仇敌忾之深,爱国爱家之切,凡此现象,均足以我中华民族复兴之表征。

《南侨总会倡组南洋各属华侨筹赈会回国慰劳团》,
《南洋商报》1939年12月5日

际斯捷讯频仍、人心振奋之时,我侨身为中华国民,再不努力争取抗战建国之完成,将何以对民族?总之,吾侨爱国,素具热忱,今后宜更加努力,执行吾人应尽之责。夫如是,则国民天职已尽,抗建大计完成可期。

《抗战胜利在望,努力捐输再接再厉》,
《南洋商报》1940年2月21日

依兄弟之见,筹募此百辆载货汽车之责任,应由马来亚侨胞来负担,盖荷属侨胞已负起募药之责任了,同时这百辆汽车,不过二三十万元就可购得,如果马来亚侨胞都能本着良心出钱的话,此二三十万元之款,又有何难?

《吁请全马侨胞募卡车》,
《南洋商报》1940年3月2日

今日中国抗战之胜利,十分有把握,已无疑义,惟在倭寇未退出我国境之前,最后胜利尚未达到之日,倭寇居在败与未败

之间，彼丑必再制造和平之谣言，但我人如认为胜利大有把握，则非坚决抗战到底不可，不惟收回东北数省及近年来失陷之地域，连台湾、朝鲜亦必强其收回，使中国成为伟大强盛之国家。

《明确慰劳团使命，并以谦逊勉之——在欢送慰劳团会上的致词》，《南洋商报》1940年3月6日

战争是要靠着后方，如前次欧战，德国虽日日胜利，但后方一经动摇，则一蹶不振。我国后方若能进步是能争取胜利的。战争亦要钱，一日无钱亦不成，如拿破仑三次答复问者都是钱便可知也。政府从前曾拨公债八百万向福建推销，又拨二千万向广东推销，结果福建只购四百万，广东则购一千万强。现在政府是只向银行借债，银行所以有钱借政府，就赖侨胞有钱汇回去。去年战费约达十八万万，政府亦未尝向人借现钱，有的只是军火，可见华侨资助抗战之力量。我们之责任如此，我们要更加努力，争取儿孙万万年幸福。

《苛政不除闽省将永无安宁——在巴生侨团联合欢迎会上致词》，《南洋商报》1940年12月28日

我国抗战，迄今三年有半，各线战况，日呈好转，士气之盛，军械之足，以及各种配合抗战建设之进步，在在足证，最后胜利，必属于我，绝无问题。吾侨当此胜利期近之时，益宜各尽能力，加紧输将，所谓"出钱出力"，固为爱国同侨所应实行者，然而真正之爱国精神，乃寄于能与抗战同始终之努力中，

愿共勉之。

《英属筹赈会存有三百万义款中英同战线汇款应予便利》，
《南洋商报》1941年1月25日

值此敌焰犹张，国仇未雪，如复自为鹬蚌，势必利落渔人。民族之祸，伊于胡底。华侨无党派立场，无利害私见，睹兹异象，弥切杞忧。庚久处炎荒，罕闻政治，人间名利，视若漠然，党派异同，更无所问，兹逢第三届参政会开幕，猥以愚拙，谬厕一员，爰举所怀，以告同感，尚祈一致主张，息止内争，加强团结，抗建前途，实利赖之，天职非遥。

1941年2月5日致国民参政会转中央政府、
全国军政长官、全国同胞公鉴

侨胞效力抗战，原无党派，今则大大不同。又如滇缅路运输，积弊甚深，闽省酷吏，害民至惨，为自身世界历史所无，事与抗战前途有关，明知多言招尤，其奈良知难遏，蒿目时艰，痛心何限，故辞。

1941年4月3日致国民党中央组织部部长朱家骅函

一年余来，欧陆各国，或战而败，或不战而屈，或数日而有左衽之悲，或数月而有黍离之叹，波诡云谲，不可究穷。反观祖国，言军力，敌则愈战愈衰，我则愈战愈盛；言财力，敌则愈战愈减，我则愈战愈增；而民心之固，敌不如我也；民食之足，敌亦不如我也；天时地利，敌举无一能如我也。扬正义之旗，鸣公理之

鼓,攫暴力而抗无道,不骄,不馁,不妥协,重之以持久,最后胜利之终必属我,最后失败之终必属敌,固其所矣!

《南侨回忆录·附录一九:南洋华侨筹赈祖国难民总会会员代表大会宣言》

知敌人今日之觊觎南洋,则知吾侨在南洋之身家岌岌可危,吾侨在南洋之产业摇摇难恃。知吾侨在南洋之身家可危,业产难恃,则知南洋非保卫不可。然欲保卫南洋,必先保卫祖国;祖国情势好转,则南洋情势随之好转;祖国抗战胜利,同南洋不保卫而自保卫。此义南洋各属居留政府无不深悉,我侨胞亦宜深悉。故大会同人望我侨胞但须注全神于祖国,集全力于祖国,不必分虑。

《南侨回忆录·附录一九:南洋华侨筹赈祖国难民总会会员代表大会宣言》

第四篇

正义之旗　光明之举

扬正义之旗，鸣公理之鼓。

一旦阴霾毒雾消散，中国的前途就是无限光明。

余自光复前数年,就剪发与清政府断绝关系,而后加入同盟会。民国成立,同盟会取消,组织国民党时,余回梓创办本校。而新加坡之进步党及国民党均来书招入,余皆函辞之。数月后,余复南来,国民党重要人员联袂屡次辱临,劝余入党,余谢绝之。彼等疑余将入他党,余乃告以终身不愿入何党,但愿为未党青年①服务,以尽天职。

1926年11月5日致集美学校诸位学生函

余久居南洋,对国内政治,虽屡有风闻而未知其事实究竟如何。时中共势力尚微,且受片面宣传,更难辨其黑白。及至回国慰劳,与各领袖长官、社会名人、报界记者接触,并至延安视察经过,耳闻目睹各事实,见其勤劳诚朴,忠勇奉公,务以利民福国为前提,并实行民主化,在收复区诸乡村,推广实施,与民众辛苦协作,同仇敌忾,奠胜利维新之基础。余观感之余,衷心无限兴奋,梦寐神驰,为我大中华民族庆祝也。

《南侨回忆录·弁言》

对于政界中人,如部长、厅长、师长,每言每日办公时刻多少,成绩如何,说得天花乱坠。可是实际上,中国农村破产,经济破产,一些应做的重要工作,都未做到。轮船、飞机、汽车,不惟不能造,也且不能用。大逾千吨的轮船,已经无法开到南洋;飞机无论空军空邮,自己也都不能驾驶,动辄聘用外人;至于汽车,欧美竞赛,每小时开行二百余英里的,我们哪个开得?这些

---

① 指没有加入党派的青年。

这些,朝野上下,应该引为奇耻大辱,而后乃足以言改革。

《提倡国术为救国根源——在新加坡怡和轩俱乐部欢宴张馆长及国术南游团的讲话》,《南洋商报》1936年1月30日

国民党机关称组织部部长朱家骅,负责招待余及慰劳团。朱君设筵招余,同席十余人,戴院长亦在座。筵间朱君招余入国民党,余尚未回答。戴君则云,凡人若热诚为国家社会服务,入党与不入党无殊。余答戴君所言实有至理,且华侨居留海外,政权属之他人,各政党皆不能自由活动,如欲开会需假借名义,否则指为非法团体,干犯例禁。

《南侨回忆录·赴朱部长宴》

南洋华侨无党无派,自抗战后热烈一致,输财中央政府,并鼓励增寄家信,益加外汇,以佐战费,亦望国内和协对外,期获最后胜利。倘若不幸发生内战,华侨难免大失所望,对于家信及义捐,不但不能增加,尚恐悲观退步。余到此后始悉近来两党恶感严重,心中焦灼莫可言喻。

《南侨回忆录·中共党员来访》

政府及党部事事多守秘密,不作坏事,何畏人知?至于限于经费更乏理由,党部每月开支人民血汗金钱以千万计,而乃反爱惜喉舌机关细微之费。且报馆若有精神办得好,则销路广大,广告费定多收入,何至亏本乎?

《南侨回忆录·与〈中央日报〉王经理谈话》

民国以来诸官员资格大都有限,即有相当专门学历出身,亦须谦虚,共和国总统尚且自称为公仆,唯诸贪污腐败官僚,乃妄自夸大也。

《南侨回忆录·孔宴慰劳团》

凡工人较多者,国党诸特务员就以有共产嫌疑,屡生交涉。政府若不能公平宽大,恶待异党,轻信诸特务员,全国诸工业合作社工厂,实岌岌可危也。

《南侨回忆录·参观合作社》

然自民国光复以来,约三十年,闽粤二省何尝不组织股份公司,往南洋招股,无如前经两次失败,华侨几如惊弓之鸟。清末时代约距光复数年前,福建将造一条铁路,首段由厦门至漳州百余里,预算二百万元。清政府派闽人陈阁学宝琛,到新加坡招股二百万元。开办二三年营私舞弊,不及半途,款已用尽,完全失败矣。约在同时期,清政府许美商承办粤汉铁路,粤人争回自办,预算资本四千万元,五年完竣通车。以粤人财力及热诚,数月间招股四千五百万元,多系华侨投资者。收股截止后,股份由五元升至六元,风传该铁路大可获利。安知董事中发生意见及舞弊营私,五年后款已开尽,而工程遂半途停顿,亦如闽路之归于失败。南洋华侨闽粤居多,甫投资于此两个股份公司,便如此失败。华侨不能运资回国,无非以此为前车之鉴耳。光复之后,军阀劣绅、土豪盗匪,欺凌抢劫,甚于清朝,华侨几于视家乡为畏途,空身回省庐墓尚不自安,悉敢言及投

资祖国哉!

《南侨回忆录·华侨投资问题》

该旅馆为营业性质,其东主乃属孔祥熙院长。余初到重庆虽闻人言,然不信有是事。至不信理由有二:一服官人员安能作营业与民争利;一孔院长尊严高官,安肯经营旅馆事业。迨至后来孔院长因事到该旅馆,自言为渠开办不讳。余至此乃深讶我国政治,与外国相差甚远。英国政府公务员,不但不得私设营业,亦不得买卖公司股份。虽地皮业产、银行及政府债票亦然,防弊綦严,违者立即开革科罚。缘自昔经验而来,若不如是限禁,则彼可乘机操纵,以私害公。

《南侨回忆录·重庆嘉陵宾馆》

我国历史自三代而后,爱民之诚,登极之正,与昭烈并称者不过数人而已,至为臣出处之正、谋国之忠、政治之美、韬略之优,则唯武侯一人而已。昭烈虽未一统,然遗爱在民,武侯则鞠躬尽瘁,军民感戴,故后人及捐资建筑宏伟祠庙于墓侧,以作纪念,绝非昭烈武侯生前之遗意也。刘湘①何人,乃敢在昭烈陵畔武侯祠旁,大兴工程,建造墓庙,与古代贤君良臣,流芳万世者相颉颃?试问刘湘后人款自何来?是否民脂民膏?其生前有无丝毫德泽及民?而全川同怨,尽人皆知。余意国民政府,若政治有是非,或四川省政府与民众亦有是非,则当加以纠正,不

---

① 刘湘(1888—1938),民国时期的四川军阀,国民革命军陆军一级上将,四川省主席。

容泾渭合流,鱼目混珠。应令其坟墓迁移,以保全成都名胜,祠庙改作学校,化无益为有益。

《南侨回忆录·鱼目欲混珠》

言毕午饭,蒋夫人亦共席。食后余便告辞,蒋公留余谈话,问到成都后是否他往。余答兰州、西安。复问尚有别处否,余已知其意,答延安如有车可通亦要往。蒋公于是大骂共产党无民族思想及种种口是心非,背义无信,但意气尚和平。又云周恩来不日可到,看此来有何结局。余答余以代表华侨职责,回国慰劳考察,凡交通无阻要区,不得不亲往以尽任务,俾回洋较有事实可报告。蒋公云要往可矣,但当勿受欺骗也。

《南侨回忆录·蒋公问何往》

中央特务主任戴笠,素闻为蒋委员长最信任有才干之人,时住在兰州,诚意招宴,余辞谢之。一日来告湖北钟祥及宜昌等处大战,敌人大败,死伤三四万人。敌自侵略以来,未有如此次之大败损失,汉口亦已动摇,料此后不敢复活动侵进。余闻此喜信欣慰无似,盖念抗战三年,仅台儿庄挫敌一次,今次如果属事实,岂不痛快!又念戴君负责特务,其消息必灵敏可靠,迨后数天余到西安,所闻则大相径庭。宜昌早已失陷,敌寇甚形猖獗,余难免转喜为悲耳。

《南侨回忆录·戴笠之情报》

我国现虽遭敌人侵略,然最后胜利必定属我。古语云"多

难兴邦"，是则抗战即可以建国。鄙意抗战与建国，亦当如种植树胶分作两时期。第一时期抗战胜利已无问题，第二时期为建国，必须消除土劣贪污，如树胶之防恶草白蚁，则建国绝可成功。

《南侨回忆录·抗战与建国之喻》

余等出寓下坡早餐，即将往女子大学参观。李秘书帽在对派洞寓，急于往取，便行，同坐一辆小型汽车。该校距招待所约十里，在山洞中，每洞较阔大，可容一班学生卅余人。校长为陈绍禹夫人，俄国留学生，诚挚招待。朱德将军亦到，同往洞内客厅座谈。余致慰劳后，并代慰劳团谢其前日在西安厚意，又解释误约之事"系出于中央同来招待员，而非省府，希勿误会，致增多意见"。朱君云伊早明白一切，完全是省府恶意阻挠，不许慰劳团赴宴，不然慰劳团经面许两次，欢喜愿往，万无失约之理。省府自来多端恶意往往如是，致两党意见日深。伊此回由河北回延安，途经洛阳、西安，往访卫立煌、胡宗南、蒋鼎文诸君。伊离开延安已两年余，意在联络情感，同仇敌忾。卫、胡二君情意极好，伊甚感激，若蒋鼎文则殊异云云。时已近午辞回，仍坐小客车，余已上车，李秘书继起，头上触碰车门顶，血出不止。暂卧露天椅上，急请医生来止血。

《南侨回忆录·李秘书留医院》

延安城三面环山，唯前面开豁。登城后高阜上观览，见其形势优美伟壮。……余等复步行出城里余，至山下，一道市街，两边大小店屋百余间,均系商贩,有门市售日用品者,有似商行者,然屋宇多简陋,货物排列颇少。余问同行招待员:"货物何如此简单?"答:"恐遭敌机轰炸,凡大宗货物积存山洞内,需要则往取。"又问:"政府有无存货公卖乎?"答:"未有,改属商民自行经营。"又问:"大商店资本有若干?"答:"闻有十万元至二三十万元者,多系收买土产,然只少数人耳。"余回寓后,又问南洋女学生:"该商店是否政府经营?"答:"不是,系商民之营业,与政府无干。"

《南侨回忆录·延安城形势》

下午四点钟,余与侯君乘车赴毛主席之约。到时毛君已在门外迎接。其住居与办事所亦是山洞,大小与余寓略同。屋内十余只木椅,大小高下不一,写字木桌比学生桌较大,系旧式乡村民用家私,盖甚简单也。毛君形相容貌,与日报所载无殊,唯头发颇长,据言多病,已两月未剪去,或系住洞内寒冷所致。余言:"何不另建住屋,敌机如来可进洞内?"答:"亦有此打算。"又言他办公事多在夜时,鸡鸣后始睡,故日间须下午乃起床。余云:"何不改日间工作,身体或可健康?"答:"十多年如是,已成习惯。"余致慰劳毕。南洋女学生来,无敬礼便坐,并参加谈话,绝无拘束。又一男学生来亦然。

《南侨回忆录·平等无阶级》

延安女子大学,内有南洋华侨女学生多人,暹罗、马来亚、荷印都有。余询校中各情,据答学膳宿等费均免,每月复给一

元作零用，衣服一年寒暑各给两套，均由政府供给。菜资每生每日六分，如伙夫善办理者，每星期有猪肉一次可食，否则无之。早餐食粥，午晚餐食小米饭（系黍而非米），菜并汤合煮一大碗，六人共一席。伊等兼养猪及开垦荒地种植物，所卖钱概归学校，此为学校私有，与政府无干，学校则将卖得之钱添买猪肉，每星期可加食肉一二次。又询彼等在校内除上言及读书外，有何其它工作。答大日子及星期日，须分队到各乡村演说，劝告农民等爱国、同仇敌忾及卫生清洁、和睦亲善等事。又问效果等如何，答甚见功效。

《南侨回忆录·一生洗三次》

午后，余与侯君同朱君乘车到第四军校。适学生在校前赛篮球，学生及观众均无行礼。有一学生向朱君大声呼曰："总司令来比赛一场！"朱君即脱去外衣，与诸生共赛两场，其无阶级复如是。

《南侨回忆录·积极扩军校》

延安司法院长某君，为厦门大学生，来访，南洋男女学生多人亦在座。闲谈间，余问政治事项。某生答："治安良好，无失业游民，无盗贼乞丐。"又问："用何政治得此成绩？"答："凡有失业及赋闲之人，保甲必报告政府，委以职务工作，否则当往垦荒。因荒地广大，可以尽量消纳，故无游民盗贼之害。"又问："官吏如何？"答："县长概是民选，正式集大多数民众公举，非同有名乏实私弊。至各官吏如贪污五十元者革职，五百元者枪毙,余者定罪科罚,严令实行,犯者无情面可袒护优容。公务员每日工作七点钟,并读两点钟党义,共九点钟。星期日或夜间当上一大课,人数不等,民众可以参加,多坐在露天,常至数千人,听名人演讲。公务员薪水每月五元,虽毛主席夫人、朱总司令夫人,亦须有职务工作,方可领五元零用。至膳宿衣服疾病儿童教养应酬等,概由政府供给也。"

《南侨回忆录·县长民选》

  本晚欢送会到者千人,全院皆满,朱君亦到。主席陈绍禹(别号王明)致词后,并言"本党自来抱团结爱国宗旨……而中央年余以来,屡听细人之言,不察事实,故多生恶感。然本党原抱定主张,极力忍耐,避免发生危险,决不愿至于破裂,致抗战更加困难"云云。余答谢后,言:"顷闻陈主席伟论,余万分喜慰,极表赞同,能如蔺相如之推让,一致对外,乃国民全体之愿望。至于团结两字,甚为重要,自抗战以来,海外华侨闻国内已能团结对外,欣幸莫可形容。此回归国经过各要区,多贴标语,非'团结一致'则'团结对外',而贵处标语亦然。今晚复闻贵主席亲言,可见全国除少数如汪贼外,大都喜欢团结,是即四万万五千万人皆欲团结,知非团结不足以救国。此后如万一不幸破裂,则不团结之罪,两党二三位领袖当负全责,而非我等民众不能团结也。"

《南侨回忆录·不团结罪责》

  余到重庆所见,则男长衣马褂,清代服制仍存,女则唇红口

丹，旗袍高跟染红指甲，提倡新生活者尚如是。行政官可私设营业，检察院不负责任。政府办事机关，除独立五院及行政院所辖各部外，尚有组织部、海外部、侨务会及其他许多机关。各处办事员多者百余人，少者数十人，月费各以万计，不知所干何事。酒楼菜馆林立，一席百余元，交际应酬互相征逐……迨至延安则长衣马褂、唇红旗袍、官吏营业、滥设机关及酒楼应酬，诸有损无益各项，都绝迹不见。如云陕北地瘠民贫，政府局部甚小，故不宜如首都应有尽有者，亦属有理。然余所不解者，重庆诸人之奢费，金钱从何而来？是否民脂民膏？余以不官不党居第三者地位，故不能已于言耳。

《南侨回忆录·重庆与延安》

余在重庆时，常闻陕北延安等处，人民如何苦惨、生活如何贫困，稍有资产者则剥榨净尽，活埋生命极无人道，男女混杂人伦不讲，种种不堪入耳之言，似非为宣传而来，又是略可靠之人告余者。然彼或闻诸他人，或阅印刷册，信以为真，亦莫怪其然。凡未到延安区之人，谁能辨其真伪，余亦是疑信兼半，所以必要亲往。亦有劝止者谓往恐不利，余则置之度外。及到延安界特注意前所闻数事。如民众生活惨苦，则所见所闻都未有。资产剥夺，则田园民有，商店自由营业。至于男女不伦，如行路来往，坐谈起居，咸有自然秩序。

《南侨回忆录·所闻与所见》

是晚阎将军设宴招待，余致慰劳毕。阎将军谈陈总司令负责前线,甚有功绩。余问:"贵军与共军能否发生摩擦?"答:"不致,均系效力抗敌耳。"余又言:"两党恶感日剧,白将军及参政员将划界调解,冀可消化摩擦。"阎将军云:"此非根本办法,如要根本解决,国民党政治须实行改善,则共产党自无效用,否则,虽无共产党反对,他党亦能起而反对。"阎将军此言出乎意料之外,然余认为至情至理,金石良言,敬佩莫名。

《南侨回忆录·阎将军名言》

然事实胜于雄辩,共产党果有良好政治,自能树进势力,外间毁誉何关大局?

《南侨回忆录·党人大不满》

蒋委员长则大骂共产党,比较在成都所骂更形激烈,甚至面红气盛,声色俱厉,愤怒云:"抗战要望胜利,必须先消灭共产党,若不先消灭共产党,抗战决难胜利,此种事外国已多经验,凡国内反对党必先消除,对外乃能胜利。此项话我未尝向人说出,今日对你方始说出,确实是如此。"至所骂共产党更重要三项,无民族思想,无信无义,欲抗战失败。余见其如许生气,故不欲多言,但云华侨心里,甚盼望祖国团结一致对外,若内部事待胜利后解决。况共产党无军械厂,实力单薄。蒋委员长则转笑容,余即兴辞与之握别,乃云:"你往西南诸省,有事可函告我。"余答致谢。

《南侨回忆录·必先灭共产党》

廿九日为星期日，上午朱君家骅来告，蒋委员长要请往黄山午饭，少顷我来导往。黄山在重庆对面山，须渡过嘉陵江，再行二十余里，乃至蒋公别墅。天气较冷，夜时及星期日常住该处。是日陪客有何应钦、白崇禧、卫立煌、朱家骅、张治中、陈布雷、吴铁城、王泉笙、侯西反、蒋夫人，共十二人。午饭毕适初次警报，不便辞回，均在客室闲谈中外事。蒋委员长忽问余，到国内对国民党观感如何。余答党务素门外汉，亦无注意，故不能答。少顷，复问对国民党有何感想。余又答，绝无注意此项事，实不能答，甚对不住。有顷，复问如前，计已三问矣。余不得已乃答云："国内国民党事，实不能答，若南洋余却知大概，请贡献数事。然南洋政权属他人，或者党人较可随便举动，故多为人不满。"

《南侨回忆录·蒋委员长三问》

午间到昆明寓于旅舍。西南运输主任龚学遂来见，余问寄渝空邮何时有，答每天早晨都有。余即亲笔作一函寄呈蒋委员长，首段言共产党，次答国民党感想，三奖勉蒋公。大略如下："早间朱君告钧座拟派王泉笙同余来西南，谅必有人对钧座献言，恐余到西南宣传共产党好话，故派王君来监督。又钧座对余盛气痛骂共产党事，亦必有人报告余在国民外交协会演说各情。余所言乃据所闻所见事实，他等已改行三民主义，凭余良心与人格，决不能指鹿为马也。至若欲消灭共产党，此系两党破裂内战，南洋千万华侨必不同情。盖自抗战以来，欣庆一致团结枪口对外。若不幸内战发生，华侨必大失望，爱国热情必大降减,外汇金钱亦必减缩。鄙意在此国家艰危之秋,应东和孙权,北拒曹兵,待抗战胜利后,共产党如有违命,然后解决未晚。余所要求者完全为国家民族计,与共产党毫无关系。自抗战以来,余绝未与共产党交通一字,亦绝未供给一文钱,此可以对天日而无愧者矣。昨日钧座在黄山推诚下问对国民党感想一事,至再至三,虚怀诚恳,余无任感激,但在场人多不便贡献,兹敬将所知奉闻以报盛意。

"(一)西南运输办理不善,尽人都知,事关抗战军运重事,毋庸多赘,在新加坡曾多次函电军委会,未悉可达钧座否。

"(二)本年四月廿八日,全国经济学社年会,假重庆大学礼堂开会,马寅初主席言现时国家如此严重危险,而保管外汇之人,尚且时常逃走外汇,虽加获五七千万元,将留为子孙作棺材本,几于声泪俱下。

"(三)西安污吏尽人都知,该市与共产党接界,未免使彼等有所借口。

"以上三害希设法改善,勿使抗战与政治有不良阻碍,贻累钧座进行。他日抗战胜利后,建国亦可成功,钧座名誉为全世界有史以来所未有,虽美国华盛顿亦不能企及,万乞注意,勿为人所误,至荷至幸。"

《南侨回忆录·函答蒋公三事》

迨七七事变,敌人侵入将吞灭我国,国家危险尽人皆知。南洋千余万华侨,无党无派,一心一德,拥护中央政府。希望国内团结一致,枪口对外,俾可转危为安,故尽绵力贡献义捐,逐

月六七百万元，汇交行政院，三年如一日。其他家信、外汇，亦增加不少。盖战争须靠人力金钱，而金钱方面，海外华侨当负大部分责任。组织慰劳团回国，无非欲中外联络，鼓励民气，提高爱国，俾回洋宣布，增多外汇，以助战费，绝非游历骋怀以及为一党关系而来。况余居第三者地位，不能凭一派人所言及宣传品记载，便可回报华侨，故必身履其地，将所见所闻，凭良心与人格，回洋据实报告。虽在国内有人问及，亦必如是，决不能指鹿为马。而重庆乃有一部分人不满，向蒋委员长唆弄，以余受共产党包围，且发电西南等省对余注意。

《南侨回忆录·熊君说共产》

余在金华时，接重庆可靠知友函，言自余离渝后，中央党人对余甚注意，议决作三项进行。（一）告何部长电知西南等省，注意余行动。（二）发电往新加坡总领事馆，嘱设法向英政府运动，禁止余入口，谓余与共产党亲善，有共产色彩，闻已接总领事复电，言该事已有把握矣。（三）派吴铁城往南洋，运动华侨不利于余等事项云云。余接函后，深信友人所言是实。但对于第一项已经历过。第二项英政府素知余为正人，虽明知余爱国心浓厚，然对英政府甚守规律，于地方上有益无损，绝不至盲从。第三项果其政策能收敛，南侨总会主席别举他人，与余私人何损，所损者义捐外汇耳。然华侨知余者众多，亦非此等官僚可能放毒。故三计策皆失败也。

《南侨回忆录·党人三计策》

余自前年因西南异动而攻击陈济棠；以提倡和平卖国，攻击汪精卫；以阻碍军运，攻击宋子良；以舞弊国帑，攻击孔祥熙；以腐污误国，攻击吴铁城、蒋鼎文、高凌百；以野心祸闽，攻击陈仪、徐学禹；以教育党化，攻击陈立夫。呜呼，此岂余之好事哉！……不过激浊扬清，属余代表南侨职责，疾恶好善，出余爱国天性。

《南侨回忆录·为公为私可质天日》

自余发表攻击诸贪官污吏后，南洋各报多有转载，国内报纸虽被禁登，然阅南洋报时有所闻，第不广耳。而敌人则利用此机会，印许多宣传品，每张十寸，阔六寸，一面用大号字，标题余姓名攻击宋家兄弟并孔院长等，且增添深刻文词，另一面印蒋委员长及其夫人像，下复列宋家兄弟姊妹等名，用飞机到多省散发。……而中国历来多有贪官污吏，久已司空见惯，安能被其离间而不爱国乎？然敌人既如此广布，则蒋委员长及诸贪污等人，对余必更加切齿，亦势所必然也。

《南侨回忆录·敌机散宣传品》

我国数年来执政权诸国民党员，处心积虑，愈行愈辣，既欲行其一党专制之霸政，又力谋其党权永远存在，故乘抗战期间，军政统一之秋，以国民参政会形式暂抵塞，而延迟国民大会，极力广招党员，不计资格，不别良莠，尽力吸收，只知数量，不核品质。复多设政务机关，以容纳党籍公务人员，故凡政界大小官吏，非党人不可。再进而各学校校长教师及职员亦必入党，否则辞去。甚至优待学生入党，如不入党者失优待资格。谓之教育党化。

《南侨回忆录·南洋教育党化》

余久居南洋，平素对国内政治及官吏素乏注意，故罕闻问。及七七抗战后，负责筹赈会及南侨总会等主席，虽常与中央及他处政府官吏交通，然亦未知情况。及至此次回国慰劳，始知中央政府诸要人多野心不正举动，在内包围制造一党合污之政权，在外如香港则设党政机关，以笼络及欺蔽海外华侨。……然考多年来，公务员之举动，多背道而驰，偏走极端，真所谓口是心非，挂羊头卖狗肉者也。

《南侨回忆录·挂羊头卖狗肉》

每开会读总理遗嘱，不免愤恨与抱愧。愤恨者何？党政中不照遗嘱举行，多系口是心非，实系挂羊头卖狗肉。抱愧者何？余每逢开会亦须依例而读，究实绝不遵行，自问良心能不抱愧乎！我国自中外交通，门户开放，百年来模仿外国风物，致国弱民穷，几于亡国，贻祸至今，尚未获已。

《南侨回忆录·模仿欧美之效果》

抗战已属过去之事，此后全国要集结总力，从事建国，余以为首须认清是非。以国民立场言，若不明辨是非，对国事必模糊不清。古语云："无是非之心，非人也。"金钱非人人所有，力量不大，是非之心则人人皆有。我侨在海外有千余万人，既富有金钱势力，若能加以认清是非，对此后建国贡献，比之以前抗战贡献,必更伟大。

《南侨回忆录·战后补辑·吧城欢送附答词》

陕北延安,为中国共产党根据地,前时延安城内,亦颇繁荣,居民二万余众。……民众安居乐业,衣服亦尚整洁,西安事变,蒋委员长曾允准划定陕甘宁边区二十一县为中共治理地,仍归中央统辖,而中共即取消原有政策,奉行三民主义,边区民众产业仍属私有,三年间新垦荒地三百余万亩,亦系私人产业,商业贸易自由,市肆繁荣,与其他各省县同,卫生教育各费,概由政府负担,公务人员、士兵、学生等,每年由公家发给寒暑两季衣服各两套,上下一律,绝无等差。长衣马褂,唇红蔻丹,旗袍高跟鞋,则绝迹不见,风俗质朴,生活简单,宴乐应酬,更谈不到。婚姻自由,男女有别,县长民选,公务人员舞弊上五十元者革职,五百元者枪毙。每天除工作外,须读党义书籍一点钟,每星期千人集合露天"上大课"一次,听取名人演讲闻其收取党员亦颇慎重。

《本陈嘉庚回国考察观感》,
《南洋商报》号外,1940年1月9日

今后抗战胜利,华侨爱国热情,必更增进,投资建国,必更踊跃,但须政治良好,社会安定,无贪官污吏、土豪劣绅阻碍进行,始能达到目的。马氏①闻言,似有所感,再上讲台,痛陈国家于国难严重之时,而管理外汇当局,尚且私营外汇,逃避资金,不惜危害国家猎取私人利益,纵加获数千万元,无非留贻子孙

---

① 马氏:即马寅初,时为国民政府立法委员。

买棺木耳,言时悲愤填膺,几于声泪俱下。……国民党创造之中华民国,伟大功绩,永不磨灭,若孜孜不已,修明政治,兴利除弊,则抗战必胜,建国必成,党誉更隆,党权更固。发令施政,无在不利,民心悦服,如水就下矣。

《本陈嘉庚回国考察观感》,
《南洋商报》号外,1940年1月9日

关于国共问题,兄弟皆不多说,说时就凭良心。在重庆时期有激烈派谓小弟受了共产包围。其实兄弟从来未对共产党接洽分厘,实在祖国延安,是无共产情事,数十万元营业者比比皆是,现在有些小激烈分子说是要打倒共产党。……假如要枪口对内,亦当势所不为。因为分裂就是灭亡,这是敌伪汉奸所喜,而为全国军民所反对者。

《苛政不除闽省将永无安宁——在巴生侨团联合欢迎会上致词》,
《南洋商报》1940年12月28日

世界上最强大的独裁国家如德、意、日尚且不容存在,中国岂能跟着向灭亡的独裁政治路上跑,要跑这条路,就只有没落,死亡。共产主义被一些宣传家歪曲夸张渲染好像毒蛇猛兽,由于认识不清的误解者,便把共产主义视若畏途。

《独裁政治没有出路,民主运动前途光明》,
《南洋商报》1946年6月22日

事实排在我们面前,独裁就是死亡。中国切不能再走这条

路。至于实现共产主义的理想,中国还差得很远,参考比较起来,我认为中国当前最适合的政治路线只有一条——民主。民主运动已经长足发展,中国民主同盟在这方面积极努力推动,指示出这是当前一条最正确、最光明、最伟大的路线。我相信民主同盟必能够在祖国政治紊乱腐败的局面中,打开一条光明的出路,我预料民主同盟现时代的成功,与孙中山先生以前推翻满清、创建民国的成功是一样的。

《独裁政治没有出路,民主运动前途光明》,
《南洋商报》1946年6月22日

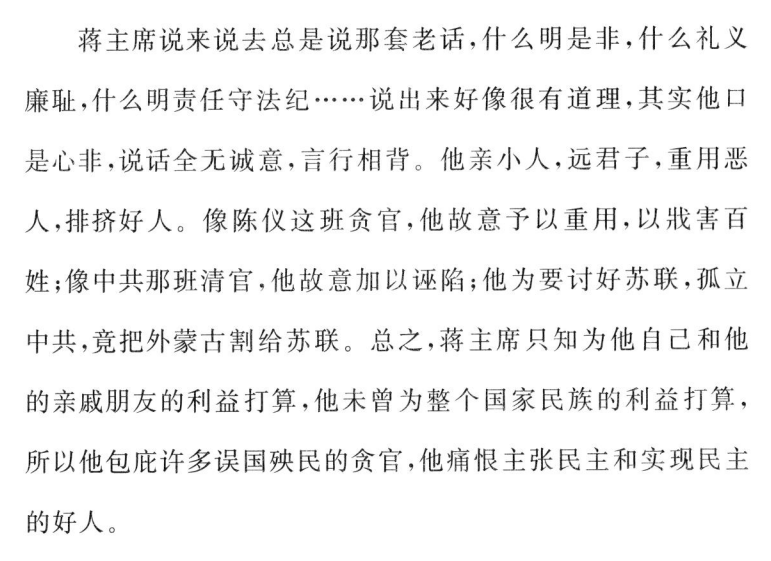

蒋主席说来说去总是说那套老话,什么明是非,什么礼义廉耻,什么明责任守法纪……说出来好像很有道理,其实他口是心非,说话全无诚意,言行相背。他亲小人,远君子,重用恶人,排挤好人。像陈仪这班贪官,他故意予以重用,以戕害百姓;像中共那班清官,他故意加以诬陷;他为要讨好苏联,孤立中共,竟把外蒙古割给苏联。总之,蒋主席只知为他自己和他的亲戚朋友的利益打算,他未曾为整个国家民族的利益打算,所以他包庇许多误国殃民的贪官,他痛恨主张民主和实现民主的好人。

《坚持独裁绝没有前途,实现民主必须大流血——与〈现代日报〉记者谈话》,《现代日报》1946年8月28日

李、闻、陶三先生为反对内战,奉行孙总理民主政治运动而牺牲,有人以为出乎意料之外,余以为系当然之事。若以余愚见,抗

战后欲废除独裁,实行民主,非再流血,决不能达到,此余已屡次言之矣。就目下而言,非过二年至三年之后,民主恐未能实现。余为此言,非神签问卜,亦非采取中外预言家,而断定此年限者,亦非妄自捕风捉影,凭空无稽之理想,乃根据历史事实而言。

天运循环,每十二年为一周,凡国家人事,善恶演变,多须历其年数,方能结局,虽或延长时间,亦不过一年半载。

证之二千余年前之楚灵王,及千年前之隋炀帝,其背天理,违人道,专横凶暴,势力浩大,不逾一周年即告灭亡,为不诬也。近者民国二十一年"九一八"暴寇侵入东北四省,猖獗暴戾,气焰似不可一世。嗣后民卅二年以来适届一周期,而次第没落,败象日现,终至屈膝投降。此事迹吾人均稔之甚详。抑尤有进者,揆之民国光复,业将届三周之三次国运演变,如第一周自民元至民十二年间,孙总理推倒满清建立民国;民十三至二十四年之一周间为军阀内战及国民革命,全国统一;民二十五年至三十五年间第三周为抗战军兴,发动大战,惟憾独裁专制变本加厉,民主未能实现,民不聊生。查第一周之短时间内已建立民主基础,虽嗣后民十三年孙总理逝世及内战勃发,沿至民二十五年西安事变,民二十六年全国统一,业已奠定民主国体而未陷颠覆之境。然兹独裁专制并不放松其高压手段,较之抗战时间尤变本加厉,排斥异党,事实上知识分子每受暗杀,挂羊头卖狗肉。所谓开明政治何在?

《在李公朴、闻一多、陶行知追悼会上的演词》,

《现代日报》1946年9月17日

新加坡人士当知自"七七"事变以后,余之主张言论迭次遭人攻击。前此余通电反对汪精卫叛国,请蒋委员长通令缉注及开除其党籍,国民党中也有人反对。英对德宣战,余表示赞同,竟也遭前总领事高凌白之干涉。余组慰劳团返国慰劳,此间报纸亦有人大肆攻击。总之,余倡办之事,总有人从中反对攻击,然余一向作事均凭良心,并不因遭人反对攻击而停手不做,否则余今日已失人格矣。

《要求美军退出祖国是职责所在——答中央社记者问》,
《华商报》1946年10月8日

时至今日,美国实不应再有海陆空军驻于我国,盖我国非殖民地,非菲律宾也。故余于电文中吁请美军撤离中国。……余于电文中最后吁请美国切不能再供政府军火物资以助长内战,盖美国向倡全世界皆为友人,今日所为,实已反其传统精神,且已与过去之日本帝国主义无异,故余于电文中称,如美国即刻停止助长我国内战,则上帝将庇佑我国也。

《要求美军退出祖国是职责所在——答中央社记者问》,
《华商报》1946年10月8日

我中华民国,不幸自成立以来,所有在朝执政权者,多不能忠诚推行主权,实行民主政治,致卅余年纷乱内争,无年停息。就现下而言,内战愈烈,人民凄惨莫可言喻。今日之庆祝民主共和成立纪念日,而国内反遭受苛政独裁之惨祸,吾人外貌虽似喜悦,而内心实蕴荐无限悲痛。至于独裁何时可消灭,民主

何时可实现,则以历来天运忖度之,至多不出一两年,独裁必不能生存,民主政治决可实现。

《论天道的运行——在福建会馆及所属三校师生国庆纪念会上的演词》,《民声报》1946年10月14日

自世界第二次大战结束,世界已推入为人民世纪,人权应受尊重,无分上下东西,而我国之民主政治,其气势旺盛,有如日在天中。我国人民又富于和平天性,必不愿忍受独裁卖国之高压,此一广泛之和平民主运动,必日日膨胀,成为洪流。南侨华侨平昔不习惯于政治生活,不喜闻政治斗争运动,然同为中华民国国民,依据中华民国主权在民之义,主人翁地位,国民天职,岂能放弃?

《论天道的运行——在福建会馆及所属三校师生国庆纪念会上的演词》,《民声报》1946年10月14日

孙中山先生早就提倡民主,民国成立三十六年了,却没有一天实行过民主。有些外国人说中国不能实行民主,是因为我们国民没有资格,文盲太多。其实,民主的范围很广泛,三民主义、社会主义、共产主义,都是要实行民主的。所谓民主,就是遵照大家的心意,为大家所赞成的,就是民主。

美国虽然挂着民主的招牌,实际上是"金钱主""资本家主"。美国的大机关、大企业、大报关,不是操在资本家手里吗?资本家虽然生活舒服,要什么就有什么,但是,资本家人数到底不多,一百人中,亦难找到一个,美国的劳苦大众,还是受金钱

的压迫,喘不过气来,他们也希望中国有一日实行民主,影响到世界上的国家,都是民主的国家,美国的劳苦大众,才能摆脱资本家的压迫,过着自由幸福的生活。

我们要知道,孙中山先生打倒满清是中国第一次革命,是为中国民主政治打定了基础,现在国共内战,就是第二次革命,这一战的胜利,是屈指可以计算。到了独裁政府倒台了,美国的反动派,亦必然倒下去,影响于全世界各个国家倾向于民主,是毫无疑问的。

《独裁政府必定倒台——在中国民主同盟全马大会上的演讲》,
《民声报》1947年9月29日

国共内战,胜败似无难知,可视民众趋向而定,民众拥护者,当然可获最后之胜利,民众怨叹不满者,必定失败也。

中国人口居世界第一位,天赋知识及耐劳本性,而又地广土肥,其优良条件,并不比任何强国为逊,如有贤良政府主持,一跃立可与苏美并驾,何必借仗外援仰人鼻息。

《祖国时局——答询上海记者团》,
《民声报》1947年10月1日

前月在吉隆坡,开马来亚新加坡商会联合会,竟通过一议案,致电南京政府,赞成总动员令。查总动员之目的虽多,其重要者有两事:第一,国民年龄在十八岁以上、四十五岁以下,均列为壮丁,须往战场作炮灰;第二,有粮征粮,无粮征收财产,甚至竭泽而渔,家破人亡。政府此种行为,关系华侨家乡子弟生

命财产,惨无人道,痛心莫可言喻。而领导华侨机关之商会联合会,竟火上添油,助桀为虐,彼岂不知如此举动,必使华侨益趋分裂,明知而故犯,非有意破坏团结而何?

《关于纪念国庆的纠纷——在福建会馆执委会议致词》,
《南侨日报》1947年10月6日

世界潮流时势所趋,中国已经到了否极泰来的时候了。中国的前途是绝对可以乐观的,美国的金钱,买不了中国人民的心!中国人口众多,知识不下于欧美各国,土地肥美,不下于任何列强。一旦专制政府倒台,民主政治实现,中国是一定可以和世界列强并驾齐驱的。

一旦阴霾毒雾消散,中国的前途就是无限光明。诸位青年学生到外国求学,未来岁月方长,前途珍重,也许诸位毕业归来,中国的和平民主已经实现。那时候,真正民主的国家政府正需要诸位为祖国的建设而效力。

《民主中国在望——接见我国赴欧留学生的谈话》,
《人民报》1947年12月20日

到延安时日虽短,探访务求其广博,调查务求其周详,盖必耳闻目睹,始能获得确切之事实也。追由晋、豫、鄂等省重返陪都,适国民外交协会邀余演讲《西北之观感》,余讲到延安政治民主化诸事实,并称共产事迹,查无所见。由是引起党人大为不满,强邀余入党不遂,乃派吴铁城①南来,运动布置,扩张南洋党部实力,以造成华侨分裂,到处宣传余受共产党包围。

《南侨正论集·弁言》,南侨总会 1948 年 4 月编

我国革命大功不日告成。此后兴利除弊,富国利民,确可料到。教育方面,对中级以上学生,势必完全由政府负担,盖不如是,不能普及贫寒之子弟。

1949 年 2 月 10 日致集美学校校长陈村牧函

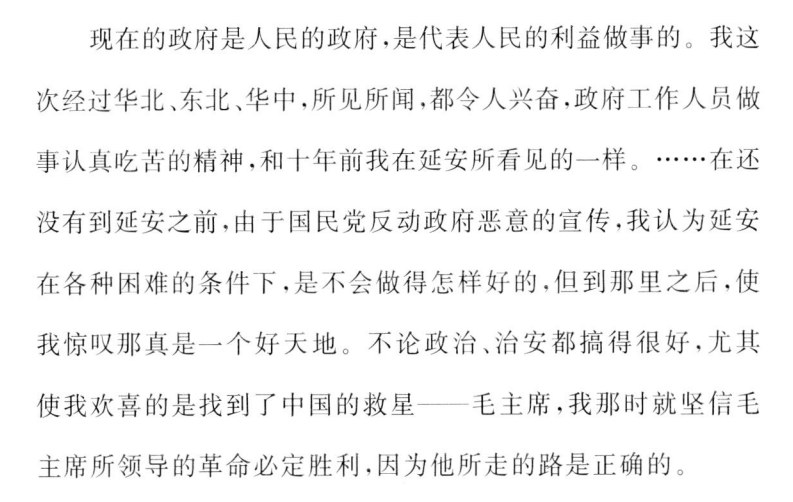

现在的政府是人民的政府,是代表人民的利益做事的。我这次经过华北、东北、华中,所见所闻,都令人兴奋,政府工作人员做事认真吃苦的精神,和十年前我在延安所看见的一样。……在还没有到延安之前,由于国民党反动政府恶意的宣传,我认为延安在各种困难的条件下,是不会做得怎样好的,但到那里之后,使我惊叹那真是一个好天地。不论政治、治安都搞得很好,尤其使我欢喜的是找到了中国的救星——毛主席,我那时就坚信毛主席所领导的革命必定胜利,因为他所走的路是正确的。

《在厦门侨联欢迎茶话会上的讲话》,

《江声报》1950 年 1 月 24 日

数月来政府经济财政物价极力调整,甚见成效。自五月

---

① 吴铁城:时国民党中央海外部部长、国民党中央秘书长、立法院副院长、行政院副院长兼外交部部长。长期负责国民党的海外工作,新中国成立后赴台湾。

起,物价已安定,政府权力足可操纵,至货币免再新发,收支已近平衡,故经济财政以已乐观。

1950年6月18日致陈村牧函

盖十月二日世界和平大会号召反对侵略、拥护国际和平,我人民政府须先行成立,借便参加。此为我人民政府择定十月一日成立之原因,亦即本纪念日之所由来。

……

譬如建筑,旧双十之国庆,但推倒破烂不堪之旧屋,而其基已坏未予清除,不免为建屋之障碍;至现在之国庆,则犹建筑现代化之高楼,不但翻除废址,而且奠定新基。

《在集美学校国庆纪念会上的演讲词》,
《厦门日报》1950年10月7日

南洋各地的开拓,是和我广大侨胞披荆斩棘的功绩分不开的。太平洋战争期间,广大华侨更是奋勇地不顾牺牲,配合当地人民来反对日本帝国主义的侵略和奴役。华侨开辟南洋各地的功绩是永远不能被磨灭的。

《斥责美英迫害华侨》,
《南方日报》1952年2月25日

然国家之必需有宪法,譬如商业股份有限公司必需有章程。公司章程由各股东制订,给经理职员遵守施行。若私家商业缺乏此举,大家自由行动,常会招致许多错误。

我国前朝专制时代,无有宪法规律,贪污腐化,致外侮内乱,国弱民贫。清末及国民党蒋介石政府有数次所谓宪法,写了若干民主条文、公民权利,但都是虚伪骗人的,结果都为全国人民所唾弃。

《在第一届全国人民代表大会第一次会议上的发言》,
《人民日报》1954年9月17日

先讲一个故事,十数年前,新加坡沦陷,我逃难印尼爪哇,胜利后欲回归新加坡,路过吧城,吧城华侨开会欢送,有两个会,一个是校友召开的,出席有厦大集美校友一百多人,又一个请非校友的各界人士参加,共数百人。主要是讲厦大集美学校情形。会将毕,一位校友说,日本投降,国内将进行大建设,希望我领导华侨回国建设。我说国内问题不是那么简单,要知详情,明天福建会馆还有一会。隔天,有一个国民党人要来告诉我,劝我在会场勿谈国共事,我回答他:"我发言不能受人限制,既要欢送我,又要限制我,何必开此欢送会?"至开会时间将到,却不见有人来通知,于是我自去赴会。一到会场,见男女侨胞都坐满会场,原来他们正欲宣布散会,我却刚到,阴谋未遂。我发言时我说会场中发言有三种,一种是漂亮语,一种是敷衍语,另一种是老实话,漂亮话、敷衍话我不会说,若说老实话恐一部分人不高兴,但我亦不能不说。这是指过去在国民党时是这样。现在却不是了,毛主席喜欢人家多讲话,多提意见。

《美英叫嚣冷战之原因——对集美学校师生员工的讲话》,
陈嘉庚故居档案《美英叫嚣冷战之原因》油印本

重庆识荆,蒙介绍到贵处和贵党诸同志相会,甚慰鄙怀。又荷延安毛主席电如往访,更喜接受。事缘自到重庆后其政治腐化,在洋久已了解。为抗日战争发生后国共合作,深喜有最后胜利可期,不意见重庆政府等人轻视日寇,重视延安。蒋竟明白告我必先消灭共党抗战乃能胜利,似有对贵党剑拔弩张之势,使我忧虑莫可言喻。盖南洋华侨之助款热诚,数年如一日,众为国共和谐鼓舞。兹若不幸破裂,势必冷淡,鼓励乏词,故忧虑莫可比拟。重庆蒋既无可挽回,但未知延安方面如何对待,故决心速访延安。及毛主席、朱总司令、陈绍禹诸君俱同声退让,一意抗战,决避内战,于是使我无限放怀。又,最出我意料之外,则政治良好,爱民如赤,勤俭为公,到处如是,喜慰莫可言喻,如拨云雾而见天青,知将来必能振建中国,了无疑义。自是一心仰服,矢志不移。由是仰慕先生博学多才,贞正爱国,钦敬无任矣。弟愧国语不通,政治不懂,文学浅陋,荷蒙周总理过爱,提到职位。对国家无丝毫贡献,屡辞不获,故不敢住京伴食,增加惭愧。

1956年×月×日①

---

① 此信未写明收受人,也无注明具体日期。据内容分析,是写给董必武副主席的,时间应为1956年7月。

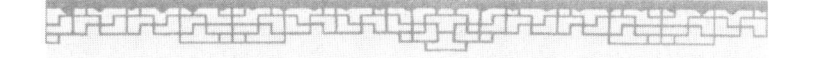

第五篇

守正奉公　淬炼人格

凡守正道以行事，何畏？何疑？

人格的革命，这些不能让别人去做，应让自己来做。

对于轻金钱、重义务、诚信果毅、嫉恶好善、爱乡爱国诸点，尤所服膺向往，而自愧未能达其万一，深愿与国人共勉之也。

《南侨回忆录·弁言》

自来洋及回梓三年，守职勤俭，未尝妄费一文钱，亦无私带一文回梓。执权两年，家君未尝查问。在膝下三年，终日仆仆于事业，亦未曾撄其怒也。

《南侨回忆录·个人企业追记·未成人经过》

家君一生数十年艰难辛苦，而结果竟遭此不幸，余是以抱恨无穷，立志不计久暂，力能做到者，绝代还清以免遗憾也。

《南侨回忆录·个人企业追记·收束之结果》

余卅一岁春，顺安既停罢，念不可赋闲度日，乃在距坡十英里洴水港山地，建筑黄梨厂。按从简起手，用木料茅草造成，并买旧机器，一切按两个月完竣，应夏初黄梨产季开始工作。共费款七千余元，名曰"新利川"。

《南侨回忆录·个人企业追记·初步好机会》

余恐数年后生产退化，采买困难，乃思购地栽种，则于距离数英里远车路边，购空芭地五百英亩，每亩价五元，共二千五百元。积极砍芭种梨，按一年内完工，加两年全园可生产二万余箱，名曰福山园。

《南侨回忆录·个人企业追记·福山黄梨园》

卅二岁夏季，余两黄梨厂得利三万余元，秋间又在新加坡梧槽港口租屋，创办一黄梨厂，兼制煮冰糖，号曰日春。

《南侨回忆录·个人企业追记·创办冰糖厂》

其时南洋人种树胶尚未发达，所有者不外百余亩，仅几处而已，亦未曾刈胶见利，故英京无人注意。及陈君种此大规模之胶园，英人即组股份公司来承买。西报虽有登载，而华文报则绝无言及。余虽闻人言亦绝无注意，且与陈、林二君素无交接。约在夏间在某洋行一英人告余，陈君售胶园获巨款事，劝栽树胶可获厚利。余始查探陈君有树胶子出售，乃向买十八万粒，价银一千八百元，运往福山园栽种。在黄梨边，每十五方尺开一窟栽之，对黄梨无伤害。全园两个月栽完，此为余经营树胶园之始也。

《南侨回忆录·个人企业追记·黄梨园种树胶》

然而盈极则亏，泰极则否，殆或时局使然。本年以来，胶市日降，其原因为世界财政恐慌帝累所致，而实际上则出产过盛，供过于求之弊。商家不察，视如常市之升降，蓄积居厅，甚至买空卖空，视冀侥幸，不计其来源，如水非竭涸，不能止流。迨近年来，乏力抵御，袖手旁观，致一败涂地，上胶每磅三角半，下胶一角八，于是，破产者多，势如燎原，不可防遏。

《树胶之命运》，《国民日报》1921年1月11—12日

今日种植家，如拘执成见，不能毅然解决，而欲望胶市之恢

复,何异负薪以救火,扬波以清流者乎？何以言之？积底之厚,销路之短,即完全停采,绝其出产,尚不知再历几年,方有转机。乃诸种植会不此之图,尚守故策,与消货家相待,冀卜不久之胜利,或鸡筋难舍,虽售价仅供工资,而心存希冀之念,仍不敛手待时,是犹欲止其流,而不肯塞其源,目的乌可达哉。

《树胶之命运》,

《国民日报》1921年1月11—12日

我自来抱稳健主义,不买空,不卖空,虽无大利,决无大害。

1924年10月4日致陈延庭函

美之汽车大王著论,谓其重要职员,大都平民出身,唯略有才干兼能勤慎,在其业务训练得来。可见商业巨子,不尽在有高学问,而尤注重在精勤、敏慎,实地练习,便不亚于大学生矣。或者于吾人学子之高贵自居,归来后,未必降心忍苦、勤求所业,则不唯无益实际,其反贻误恐非浅显。缘工商事业均负有危险性质,若不经多年之困苦,决无稳健志虑之可言。

1925年2月22日致叶渊函

然凡物之否极泰来乃循环之理。胶价数年来大败特败至于极惨,兹者泰运已交,此后之佳望日子甚长。按现有之胶树,可以收成者尚不足供世界之用,如要待盛出而复如前年之供过于求,必俟新树长成,由兹赶栽至速亦须七八年之后方可割取。除非及今多种,作两三年开辟,七八年后出产有充分或过剩,则

胶市乃有言降之日。弟是以云泰运之长。盖全世界用途之广，而出产地仅南洋弹丸之区，安得不居奇哉！

1925年7月26日致叶渊函

因本制造厂尚未达到（期）许时期。盖其成功之难，实出弟期望之外，或有差至两三年者。可见此业之艰难晚成。现下垫本至七百万元之多，尚恐未届免垫之日。英国邓禄普公司客年结（算），得利二千余万元，以英人之富非无他家可出而竞争。弟此项规模，非有财便能成功必也。积久渐艰难辛苦奋斗而后能成，况今日我之幼稚，若以幼稚时代而欲行成年人之步力，岂但无益耳。

1928年4月30日致叶渊函

南洋属原料出产地，工业既无价值可言，而同遭不景之气，其苦况不亚于诸国。无论将来治标治本，欲恢复状，实属难期。以治标言，界在太平洋之间，与前欧战远距离不大相同。以治本言，则殖民地性质，亦必远落人后，安有乐观之日？今日吾侨欲求立足地，唯有极力省俭，裁除耗费，恢复三十年前之生活程度。能如是，庶乎可避淘汰之列矣。若不未雨绸缪，必至噬脐无及。

《不景气之历史观与南洋华侨当前应采之策略》，
《南洋商报》1933年4月26日

余之经营商业，不过聊以度日，初非素封之家。惟自来抱社会主义，愿为公众服务，却为一生不移之宗旨。又念社会事

业,当随时随力,积渐做去,如欲待富而后行,则无有可为之日。平生尤最服膺美国汽车大王之言曰:"正当之失败,并非耻辱,畏惧之失败,才是耻辱。"

《谈闽省教育——在怡和轩演词》,
《南洋商报》1933年8月14日

弟历商三十年,虽乏社会之交才,自度做事不负天良二字。凡守正道以行事,何畏？何疑？

1920年5月3日致叶渊函

美国汽车大王(指福特)有言曰:"对于将来不作无谓之畏惧,对于过去不作无谓之敬重。畏将来之失败,无理由可言,则必减其活动力。失败者,重新审慎做事之机会。正当之失败,无可羞耻,畏惧失败,转可羞耻。过去之可以有用者,以其可以为进步之指针也。"窃读以上之言,大可为吾人感激,生无限之毅力。

1923年6月3日致叶渊函

小儿博爱拟此月半后遣归,应入厦大开校之期,其寄宿房位可依他生同样,不必另有优待,唯得南向之房较好于北向耳。

1923年8月1日致陈延庭函

贫人当自认贫,贫而勤俭,终不至久贫。

1924年1月12日致陈延庭函

厦大寄来各寿仪①，实属无谓。盖寿之短长，若非定数，亦有招致。如谓可祝，则权富之家，当人人享期颐矣。弟非矫情，盖此风诚不可长。否则，互相效尤，亦非乐愿。是以将各物帖，谨以奉还。

1924年1月25日致陈延庭函

盖弟每以实事求是四字为宗旨，若目的未达，遽邀钓誉，无乃自背乎。盖今日本校虽有许规模②，而学生之实益如何？可裨于社会如何？无庸隐讳。若十年后果有裨益于地方、社会，许时亦为建一亭立一碑，就费万元为弟立铜像表纪念③，则弟决无推辞之客气。弟之仰望者大，绝非谦逊本性，唯要有相当之功德，然后敢享受耳。

1924年3月28日致叶渊函

吾侪若真诚服务社会，当由难字做到易字。拿翁④云，难字乃愚人之字典，汽车大王⑤最反对无毅力之人。如自称年老无用及不负责任之辈，与守现资财不出之人，甚至骂为社会之贼。

1925年7月26日致叶渊函

---

① 寿仪：指厦大献给陈嘉庚先生50大寿的贺礼。
② 有许规模：有如此规模。
③ 指嘉庚先生50寿辰时，集美学校师生捐款欲建一"介眉亭"纪念校主，陈嘉庚即刻发电集校校长叶渊："请取消介眉亭，捐款发回。"
④ 拿翁：拿破仑。
⑤ 汽车大王：指福特。

盖贪者，非仅指财利，如贪功、贪名、贪权势，昧心一萌，天良何顾？至于乏责任者。明知其人举动不端，恶马乱群，乃或袖手旁观，或畏缩保己，见义不为，甚至人和亦和，终至同归于败。

1926年11月5日谨告集美学校诸位学生函

礼义廉耻，国之四维。四维不张，人格丧尽，乌能图存？以校中言尊师、重傅、敬长、谦恭，谓之礼；恪守校章，不忘本源，谓之义；不贪名，不贪功，不出轨道，谓之廉；寸阴是惜，恐学业无成，谓之耻。绝未有舍己耘人，无尊无长，倒行逆施，而可谓之有人格哉！

1926年11月5日谨告集美学校诸位学生函

至于向人募捐，弟自来不善办过。除公共事业结有团体名义者外，否则若以个人私情而向人募捐实不能办。

1929年8月22日致叶渊函

欲真诚人行真诚事，必有真诚之友与真诚之机会，方能有济。否则，一失足，则成千古恨。

1932年5月13日致叶渊函

习俗误人，至为可畏，须知人心放纵易，收拾难，脱缰之马，难期就范。

《谈闽省教育——在怡和轩演词》，
《南洋商报》1933年8月14日

自古英雄豪杰，何尝不遭艰危落拓，况我乃一庸愚侨商，安敢妄事怨咎，美国汽车大王有言曰："正当之失败，无可耻辱，畏惧失败，才是耻辱。"其言足资警惕。

《畏惧失败才是可耻》，

《东方杂志》第 31 卷第 7 号，1934 年 4 月

无事做时，便无精神，一无精神，愈无事做，每做一事，愈感困难，经济负担愈重。

《建设新中国应具新思想》，

《南洋商报》1935 年 4 月 28 日

南洋出殡，愈来花钱愈多，这真糟糕。有时有好朋友出殡，也想去送送，比一看见，加大排场，也便缩了回来。有时有人登报，颂扬其事，这真大可不必。给他登报，就是奖励，此事必不可奖励。

《建设新中国应具新思想》，

《南洋商报》1935 年 4 月 28 日

吾人以为凡人之出殡之时，系极悲惨伤心之事，岂可装彩阁、舞狮、排马队，有如喜庆之事？夫父母逝世，乃为甚悲痛之事，焉可有欢喜如舞狮等之出现？除非其父母有钱，彼用不得，方欢喜其父母早日死去也。如有此种绝无天良之人，不堪与之为伍。本会馆之主张改良丧仪之法，系劝人改善，或登报开导无知者。此事虽大，总不可不行，骂者由其

骂,行由我行。

《改良丧仪实吾人应大胆做去——在新加坡福建会馆会员大会上的讲话》,《南洋商报》1935年10月13日

孙中山先生提倡革命,当时国内难以立足,所以到南洋来。南洋华侨因此多所接触,这本来是事实。可是,华侨一回国内,便往往可以听到"华侨为革命之母"这句话,以为华侨对国家有极大功劳。说这话的人,大概以为革命,只推倒满清便足,不须其他了。可是,根据孙中山先生革命宗旨,革命一事,殊未如此简单。工业需要革命,文化也需要革命,还有更重要的一项,就是心理的革命和人格的革命。如果人人人格不加改革,心理不加改革,就是满清推倒,袁世凯打倒,军阀弄倒,也是无用。不惟无用,地方更要纷乱。

我说,革命可分为公私二种。工业的革命,文化的革命,政治的革命,这是公的;心理的革命,人格的革命,这是私的。公的革命个人做不来,不能做,可以让别人去做;至于私的革命,如心理的革命,人格的革命,这些不能让别人去做,应让自己来做。

《提倡国术为救国根源——在新加坡怡和轩俱乐部欢宴张馆长及国术南游团的讲话》,

《南洋商报》1936年1月30日

依本人之观感,社会有三种人,最易违反誓约:一为视社会为营业公司者,一为不辨是非之盲从者,另外一种,则为爱做好

人,左右圆滑。

《关于宣誓意义之阐述》,
《南洋商报》1939年5月19日

鸦片流毒我国,民众受害最惨,清末经与英及关系各国公约限期禁绝,我国雷厉风行,笃著成效。适民国光复,军阀割据,故有多处种植鸦片,死灰复燃,此系国体改革暂时不幸之变动。……国际调查鸦片三代表到新加坡时,余则代表华侨开欢迎会,到者中西数百人,在筵中余详述南洋华侨受鸦片惨害,而尤以马来西亚为甚,阐明指证,并要求国际联盟会诸代表以人道主义劝英政府早日实行禁绝,则无异美国林肯总统解放黑奴之功德云云,事后政府公卖鸦片,逐年缩减,然迄今仍存流毒未绝也。当筵席未开时,政府某官员托闽粤两侨领,再三告余筵席中切勿提起鸦片事。然余自有主张,若无目的何必费此筵席。英人多有资格,凡谄媚畏怯之流,彼愈加鄙视,若热诚正义,虽非所愿,然彼衷心尚存敬意。国际联盟三代表往各处调查后,复到新加坡,余则以私人设宴送行,彼等对余甚形满意也。

《南侨回忆录·鸦片与黑奴》

然华人在马来亚占一半人口,欲图马来亚粮食自足,非华侨共同努力绝难达目的,余故提议请一视同仁。蒙赞成通过,由华民政务司向上官要求,结果无效,余即辞退该局职务。

《南侨回忆录·马来亚稻田与华侨》

民九年集美学校修理电机，该发动机不上百马力，乃该技师只令工人开视工作，自己全不出手，不一点钟完竣，留校午饭，余与校长伴食。回厦后则大不满意，谓受我辱待，与其工人同席。如此骄傲自高，莫非因其身穿长衣马褂乎？技师亦劳工之列，有何高贵可言也。后来新加坡余树胶制造厂中电力发动机二千余马力，凡有损坏请政府电器局总技师来看，每次单身自来，脱去外衣，亲手查验，盖亦尽其义务而已。

《南侨回忆录·清衣冠之遗留》

做事须务实，若轻诺寡信，他日空雷无雨，反贻害本省，此等事余决不效尤。

《南侨回忆录·闽代表来洋筹款》

然凡事当先论利害，若利害参半，或利多害少，取而仿效，尚有可言。若此跳舞营业，有百害而绝无一利，为祸害青年陷阱。若必以欧美风化为比拟，无论是否变本加厉，且我之国计民生，未能望其项背，安可专学其娱乐，如胎毛未干，便欲学毛羽丰满之高飞，其遗害岂胜言哉！又如法国巴黎人，常在大庭广众中，男女互抱，狂吻特吻，是亦欧俗之尤，我国亦当取而效之乎？至于苏联社会主义，男女自由，为全世界最平等及最新国体，如互抱狂吻之风，鸨业跳舞之害，决不通行，我国民何不取而效之乎？

《南侨回忆录·跳舞营业之毒害》

南洋闽侨三次提倡救乡,无益而反有损,盖每次都为虚荣心所误。语云:"前车覆,后车鉴。"深愿华侨无论为国为乡,若虚荣乏诚,决定失败。

《南侨回忆录·救乡运动失败之原因》

集美系乡村学校,不但与城市远隔,不染繁华,而自来校规严格提倡朴素,禁止学生浪费,虽距厦门市不遥,然学生无故不许请假离校。为此缘故,间有富侨子弟,生性好动,或被人招诱,或不耐拘束,转学上海及其他繁华城市者亦属不少。

《南侨回忆录·回国就学须注意》

古语云:百人成之不足,一人坏之有余,正谓此也。至谓闽侨不宜负大多数,此乃鄙吝之夫,胸怀狭窄,不知正义。公益事业当尽力勇往,若寸寸计较,无一可成。

《南侨回忆录·华侨大会堂与图书馆》

余再三告诫:"此回系到祖国工作,而非应酬游历者比,务希勤慎俭约,善保人格。至于华侨投资开发实业,前屡有不兑现大言不惭之人,空雷无雨,贻华侨羞。此行无论到国内何处,若非提议切辞以非本团任务为要。"

《南侨回忆录·慰问代表抵星》

距离重庆二百余公里,有某地方繁荣,风景佳妙,某大学亦移建在该处,乃命驾而往,暂寄迹市中某公所。该所办事人往告区长卢君,渠系广东黄埔军校毕业生,余素未相识,见面后招待甚诚挚。导往某山上参观温泉旅舍,其建筑颇好,游泳池可容百数十人,又有单人浴房十余间,汽车路不日可通。卢君导往山坡上游览,参观该处寺庙,往回三点多钟,雇来四辆车为余等坐,而彼等则穿草鞋步行,余心甚不安,西反兄屡欲让坐,彼坚持不肯,云:"逐日下乡村跑惯,绝未坐轿。"余在南洋曾闻好县官穿草鞋下乡视察,今日方亲见之,颇生感慨,安得全国各县官人人如是,民众定可减少许多惨苦矣。

《南侨回忆录·诚恳之卢区长》

华侨中亦有好夸诞之辈,答应筹措少者数百万,多者数千元。远者勿论,就民国光复迄今近卅年,屡次有大规模投资祖国之宣传,其实都是空雷无雨,自欺欺人,使我国人失望。

《南侨回忆录·华侨投资问题》

在三原县午饭,设备颇丰,其壁上贴有印刷物多张,有一条云"禁用香烟请客",余与县长甚表同情。回国两月行许多处,今日始见实行节约。

《南侨回忆录·启程往延安》

凡人负有社会任务或政治军事职责,若立心抱定忠信公正,不昧良偏私,自欺欺人,何用作此鬼蜮手段,而为识者鄙薄?有何裨益?岂非弄巧反拙耶?

《南侨回忆录·醉翁之意不在酒》

福州代表告余,该处预备五万元作欢迎费,余恐各处相仿绝非所愿,况闻多位代表来告人民苦况,更觉不宜。乃托陈主席通告余经过城市,切勿花费无谓欢迎之金钱,因在抗战艰难时代,当以节约为最要。并拟稿寄南平、永安、福州、泉州、漳州五处登报,约言如下:"余此次代表南洋华侨回国,慰劳兼视察,希望采取抗战后,国内民众同仇敌忾及其他诸进步事项,以便回南洋向侨胞宣传,俾可增加义捐及私人家费,利用外汇金钱,以助战费,此乃国民应尽天职。在此抗战艰难时间,尤当实行节约。自回国以来历十余省,对欢迎及宴饮无谓应酬,概行辞谢。并托陈主席通告,余经过地方切实遵行,况吾闽米珠薪桂,尤所关怀,故复登报表明真诚,乞希原谅。"

《南侨回忆录·生男贺杉苗》

余至重庆时,闻政府预备八万元,作招待慰劳团费用,若不力辞,社会民众亦必效仿,他日慰劳团至各省亦必如是。在此抗战辛苦时际,应当节省诸费。但恐口辞无效,乃登报辞谢,言慰劳团回国,各费已自备,不欲花政府及社会之款,并遵守新生活实行节约,希国内诸同胞原谅。

《南侨回忆录·出国首次报告抗战必胜》

我海外侨胞,对国内任何派别,只有义务,而无权利。惟有极望国内政府实践三民主义,庶能达到建国目的。欲求建国目的之达到,尤必须先认清是非也。我国政治如能办好,华侨人人心理之愉快,比之霎时获资数十万元,当更狂喜。何以言之?

国家政治不良,回国投资无路,故资本家不论其如何辛苦,积血汗资千百万元,仍与祖国无丝毫利益关系,而在南洋将资本遗子孙,亦每每不逾一世而亡。新加坡闽侨,余所知者,五十年来百万以上之富翁十余家,其身后不坏于无知之妇妾,则毁于不肖之子弟,家破产亡,门庭冷落,声名狼藉,言之可伤。

《南侨回忆录·战后补辑·吧城欢送会,附答词》

对卫生之注重与否,与民族之健康及死亡率之比例,有重大关联,阐明甚详。继称抗战胜利后华侨欲贡献国家,舍此无较适切之道。渠于避难荷属之时即曾慨念及此,且曾周详计划,乃著作《住屋与卫生》,将观察经验及智力所及,撰述成帙,印刷三千册寄交国内各省当道,请其转致属下市县,以备新兴建设之参考。

《南侨回忆录·战后补辑·组织回国卫生观察团》

西哲亦有言:"金钱如肥料,撒播方有用。"况祖国抗战告终,建国方始,教育重大,尽人都知,出钱出力,责无旁贷。愿我殷实侨胞明白此义,格外解囊,其他各界多买入场券,慷慨玉成,并望各募捐员及干事售票员,与各界负责诸君,踊跃努力,共成义举。前者敌寇入境,余公司厂内所存橡胶二万余担,被抢一空,仅存厂小部分而已,然天职所在,不敢推诿,愿买名誉券一张,银一万元,以资提倡。

《南侨回忆录·战后补辑·福建会馆振兴教育》

我国地大物博,人民众多,城市大小数千处,然除上海、北

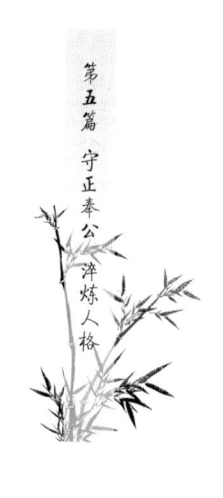

平、天津、汉口、广州外,其他开发尚未达十分之二三。此次世界大战后,各国必多兴革,力求进步,而尤以卫生为最注重。我老大不振之中国,关于维新兴革诸事业,应比他国更多且更紧要。维新之道,莫重于卫生。人民身体之强弱、寿命之长短,与国家之兴衰,极有密切之关系也。

《南侨回忆录·战后补辑·住屋与卫生》

人自出生,艰难培养以至成人,须廿多年。若论其能振作事业,普通人当在卅岁以上,再加以阅历经验,亦须有相当年纪。虽或天资出类,才干超群,如此次大战,俄美英三领袖年俱六七十岁,亦须四十余岁甫始知名,复过多年经验阅历,方能轰轰烈烈,造福民族,闻名世界。推而至于模范乡党、领导社会、服务政府之人,亦何尝不然?可见国民身体强弱、寿命长短与国家最有密切关系。若我国人之弱质,年未五十,老气横秋,安得不事事落后也?

《南侨回忆录·战后补辑·住屋与卫生》

寿命长短在卫生,科学进步理益明。
无知顽迷委天数,欧美中印信可征。
星洲市政改住屋,日光空气助洁清。
二十年前死亡率,于今减少达四成。
乡宅无窗似衣箱,日光空气闭不容。
微菌丛生到处有,厕池露设在村中。
沟渠垃圾多积滞,蝇蚊成群各逞凶。

不知卫生最首要，健康寿考乐无穷。

富贵儿子尚早婚，为扬家声急饴孙。

不图见小反失大，所生多弱或愚蠢。

血气未定焉能戒，健康失去草无根。

维新政府宜规定，适当年龄方准婚。

世界比较人年寿，美欧平均五五右。

我华仅登三十九，印度三十尚难就。

中印年龄何短促？卫生不讲仍守旧。

政府同胞当猛省，寿夭有道应根究。

《南侨回忆录·战后补辑·住屋与卫生》

后　记

　　这是一本语录体文集。中国传统的语录体文集,始于儒家原始经典《论语》,这种文体以记录人物言论为主,每段独立成篇,语言质朴简练、自然无华,却闪烁着智慧的光辉,耐人寻味,其中语句往往被后人视为格言、警句。早在春秋后期,孔子设坛讲学时期,孔子及其学生的言行就开始被整理结集,称为"语"。之后经由弟子和再传弟子代代传授,并逐渐将传诵的孔子言行记录下来,集腋成裘,最终在战国初年汇集论纂以成书,因此称为"论",语录体文集《论语》便由此诞生。我把这本陈嘉庚言论选集命名为《嘉语微言》,其中"嘉"既是取自陈嘉庚的名字,更是着意于"其新孔嘉"的美好,而"微言"一词则取"微言大义"的语义,这是古人对孔子《论语》的评价,《汉书·艺文志》写道:"昔仲尼没而微言绝,七十子丧而大义乖。"意思是说孔夫子离开这人间之后,蕴含大义的微言也随之消失;孔夫子的七十位弟子离世后,儒家的大义也就混乱了。后人就以"微言大义"来表示《论语》《春秋》《诗经》这些经典的辞约义富、言简意赅、言近旨远。

后记

开始编选这部陈嘉庚言论选已是十年前的事。记得是2014年的春夏,当时刚任中共福建省委常委、宣传部部长的李书磊同志到厦门大学调研,召开人文学者座谈会。在座谈会召开之前的交谈中,他说历史上福建涌现过很多杰出人物,像苏颂、朱熹、林则徐、严复、陈嘉庚,他们在中国的历史进程中有很重要的作用与贡献,我们应该好好地整理一下,可以出一套类似《论语》文体的人物言论选,让人们了解他们,其中陈嘉庚言论选应该由厦门大学来编选。他还谈到福建现代作家群在中国现代文学史上的重要影响。这之后,厦门大学就决定在集美楼一楼鲁迅纪念馆楼下开设"中国现代闽籍作家纪念馆",而陈嘉庚言论选的编选任务也就落在我的身上。我那时已从人文学院退休,却还在负责学校教师发展中心的常务工作,因为没有了学术研究绩效的压力,不用再为申报、完成课题,为发表"C刊"文章而笔耕不歇,有一些时间和精力来梳理我多年来积累下来的数百万字的陈嘉庚资料,为我们校主的精神传承,为学校,也为自己写更多一些、更广一些的文字。

当我开始在那数百万字的陈嘉庚资料中不厌其烦地爬梳、阅读、勘正、挑选时,我感到冥冥之中校主陈嘉庚在频繁地与我对话。在这之前,我已经撰写了不少关于校主的文字,其中最重要的有2000年以我为主要撰稿人的六集电视文献纪录片《陈嘉庚》的文稿,2011年为庆祝厦门大学建校90周年撰写的历史文化叙事《厦大往事》、电视纪录片《南强之旅》与《厦大蓝图》的文稿，2013年为庆祝集美学校建校100周年撰写的电视纪录片《陈嘉庚与百年集美学校》的文稿。我在《厦大往事》的自序中写道："'我们的校主'是厦大人中间最受尊敬、最有凝聚力的话语，无论在校园内、校园外，也无论在故园、在异国他乡，只要你是厦大人，只要你说起'我们的校主'，就会有无数颗赤诚的心连在一起跳动，你就不会寂寞孤单，你的心中就会升腾起一种久违的激动和力量。'我们的校主'是陈嘉庚，在天上他是一颗星，在地上他是一位拄着拐杖永远在厦大校园里行走的老人。"这种从自己的血液中流淌出来的文字，一次次地撞击着我的心灵，让自己一次次地走进校主的内心世界，一次次与校主进行灵魂的对话。

2014年10月的一天，我与时任厦门大学党委书记的杨振斌在厦门参加纪念陈嘉庚诞辰140周年座谈会。这是一个重要的会议，会议的第一个议程，是全国政协的一位领导同志宣读了习近平总书记写给集美校友总会的回信，这让人特别感奋、特别受鼓舞。在这个会上，集美校友总会的理事长任镜波报告了他为集美校友总会执笔给习近平总书记写信的经过与感受，我作为教育界代表作了题为《民族复兴道路上的"教育立国"旗帜》的发言。也就在这一年，厦门市决定从2015年开始将每年的10月（陈嘉庚先生的诞辰月）设定为"嘉庚精神宣传月"，并开始为来年启动"嘉庚精神宣传月"筹备起来。2015年新年刚过不久,厦大校友、时任中共厦门市委统战部副部长的何秀珍带着他们办公室的翁荣标找上我,邀我为2015年开始启动的"嘉庚精神宣传月"做两件事:其一是围绕活动主题"一座城与一个人",于启动当天在厦门人民会堂作一场关于陈嘉庚光辉历程的报告;其二是为宣传月的启动晚会创作一部诗文朗诵稿《嘉庚颂》。何学妹强调《嘉庚颂》是2015年"嘉庚精神宣传月"启动的主题活动,要有好作品、好导演、好演员,其中首先是要有好作品。我虽感到要创作一部能上演一个多小时的诗文朗诵稿难度不小,但想到这部长篇诗文将由全市最好的朗诵者、音乐人、舞蹈家、电视导演进行二度创作,我心里就充满了期待与希望。于是我暂时停下手中陈嘉庚言论选的编选,而沉浸到20世纪的历史风云际会与一个伟人的生命中,用心用情创作大型诗文朗诵稿《嘉庚颂》。两个月后,我按时完成了自己的创作任务。后来,大型诗文朗诵《嘉庚颂》的主要策划何秀珍在《来自心底的颂歌——策划〈嘉庚颂〉诗文朗诵会随笔》中描述了《嘉庚颂》的内容:"《嘉庚颂》以'永远的丰碑'为序,气势宏伟豪迈,呈现了嘉庚先生波澜壮阔、功昭千秋的伟大一生。上篇'倾资兴学赤子心'通过《异乡创弘业》《故乡开基业》《自强展宏图》三组节目,生动描述了嘉庚先生'心怀祖国,希图报效'的心境、创立开拓商业王国的自强不息、勾画中国南方现代教育王国蓝图的伟业。下篇'烽火中的民族光辉'由《黄魂洒赤血》《千里生命线》《烽火情抒》《延安行》四组节目组成,集中展现了嘉庚先生作为'华侨旗帜',与祖国同呼吸、共命运的爱国情怀,讴歌了嘉庚先生与时代同行、与祖国同行、与我们党同行的光辉足迹。尾声'光荣与梦想'表现了年轻一代弘扬传承嘉庚精神、接续奋斗,进一步阐释了嘉庚精神的内涵与时代价值。"《嘉庚颂》的开演引来了厦门人民会堂万人的满堂喝彩和雷鸣掌声,"陈嘉庚先生长孙陈立人在演出结束后主动走上舞台深情鞠躬,感谢在场的领导、演员和观众,他激动地说:'感谢大家用这么好的形式宣传嘉庚精神,这是对祖父最好的纪念。我们华侨虽然身居海外,但时刻惦记着祖国和家乡。我们将与祖国人民一起,共同为实现中华民族复兴之梦而努力!'"《嘉庚颂》首演成功后,厦门大学也排练了这个长篇诗文朗诵节目,作为每年新生入学教育的保留文艺节目。快十年了,《嘉庚颂》熏陶了一批批厦大人的情操,也培养出了一群又一群厦大诗文朗诵者。2016年,《嘉庚颂》获得福建省广播电视艺术奖综艺节目类一等奖,2017年再获中国电视艺术家协会主办的中国综艺峰会匠心盛典"年度匠心制片人"大奖。乘着《嘉庚颂》首演成功之风,我那时还完成了《南强颂》的转型创作,实现了《南强颂》从综艺演出到音乐舞蹈史诗的转型,在2016年庆祝厦门大学建校九十五周年的日子里,向全校师生与校友献上了一台表现厦门大学历史文化的音乐舞蹈史诗。编选陈嘉庚言论选的工作,也在这期间紧锣密鼓地进行着。从那

个时期开始,我与嘉庚先生的对话就这样一次次地进行着,每一次对话都是一次洗礼,每一次对话都有新的精神触动与生命感悟。

2016年春节过后,我将编选好的陈嘉庚言论选交给了厦大出版社,出版社很快就出了校样给我。这时离九十五周年校庆已没有多少日子,陈嘉庚言论选出版的预告也已经在报上登出,这时出版社的催促是显而易见的。但我犹豫了,我想到那些支撑我编选的陈嘉庚的资料文献,有不少是没有公开出版的,它能作为编选的依据吗?有不少文章、讲话是发表在新马一带的报刊上或民国时期国内报刊上的,我也还来不及回到历史的现场一一作校勘,能这样草率地出版吗?一个学者的良知与责任在提醒我,这是校主的言论选,不是我的创作,一定要慎笃、要客观、要有真凭实据,来不得半点的夸饰、半点的粗枝大叶。于是,我向编辑表示了抱歉,表示自己暂时不想出版,但我让出版社不要"拆版",我相信很多人很需要这样一本能体现陈嘉庚的思想、信念、精神、情怀与个性的简洁明了的语录体言论选。此后,我更留心、更专心地探寻文献,查检资料,一页一页地检索校勘嘉庚先生的文章与讲话。

岁月如梭,弹指一挥间又是几年过去了,很快地,厦门大学建校一百周年的日子临近了。2019年,我开始参与到庆祝厦门大学建校一百周年的筹备工作中,在系列出版物方面,除负责主编厦门大学百年院系史外,自己还要完

成"百年精神文化系列"中的重头著作《陈嘉庚传》,这既是我心里极想创作的作品,也是我不敢轻易下手的选题。我努力回到历史现场,回到近代以来波澜壮阔的中华民族伟大复兴的时代风云中,去叙述一个伟大生命的诞生、成长与成就,去叩问一个伟大生命内心世界与历史文化的因缘际会,去探究一个伟大生命的人生求索与精神淬炼。我在故事的叙事中追问:为什么一个闽南小渔村的普通家庭中会走出一位在异邦的土地上建立起华人工商王国的奇人?为什么一位缺乏深厚教育背景的商贾会成为中外仰慕的教育家?为什么一位没有受到过什么大师或政治人物指引的华侨会在每个历史关节点上都作出最正确的政治抉择?追索、探寻、阐述,我走进传主的内心世界,用学者的态度、文学家的叙事呈现厦大人的情怀,以生动的故事真实地展现陈嘉庚的生命历程。经过两年多的努力,终于完成了多年来的写作愿望,在厦门大学建校一百周年的喜庆氛围中,出版了献给厦大百岁生日的38万字的《陈嘉庚传》。

《陈嘉庚传》出版后反响很好,在读者中赢得不少赞誉,出版三年来已印刷五次。我从多年来积累下来的那批文献资料中找到嘉庚先生鲜为人知的生命故事与人生感悟,在《陈嘉庚传》中,以直接的文献引用增强了一部传记的真实性与深刻性。正是《陈嘉庚传》的出版,让我对再度编选陈嘉庚言论选有了更大信心。

此后,又历经了三年的反复搜集、核对、校勘,今天这

后记

本语录体的陈嘉庚言论选终于与读者见面了。我在编选中,受到《论语》的启示,不仅选名言警句,更多地选那些蕴含着行为、事件,藏着故事情节的陈嘉庚言论。整部选本分为五篇:一、报效祖国,心系桑梓;二、教育立国,倾资兴学;三、坚持抗战,民族复兴;四、正义之旗,光明之举;五、守正奉公,淬炼人格。读者从题目中便可领会各编所包含内容。前言则是我对嘉庚先生光辉历程与嘉庚精神的研究体会,后记便是这部经受十年岁月洗礼才敢与读者见面的选本的创作经历。书中对部分历史任务、历史事件及社会现象的评价受到特定时代背景的影响,敬祈读者朋友明辨致知。

感谢林东伟同志一以贯之的关注支持!感谢厦大出版社的张伟同志、蒋东明同志,这本书最早的编辑许红兵和今天的编辑韩轲轲!感谢为这本书的出版付出辛勤劳动的各位朋友!特别感谢厦门华侨博物院的陈毅明女士,没有她与她的同事在1994年编印的共六册的《陈嘉庚文集》(油印本),也就很难有我的这部《嘉语微言》的编选。书出版了,自然是等待着读者的批评,尤其是这样一部在陈嘉庚研究中很特别的陈嘉庚言论选编,一定还存在着方方面面的不足乃至问题,期盼读者与研究者指正。

朱水涌

2024年9月12日